# Langenscheidts Kurzgrammatik Spanisch

Völlige Neubearbeitung

von Astrid Böhringer

Langenscheidt
Berlin · München · Wien · Zürich · New York

Druck: Druckhaus Langenscheidt, Berlin
Printed in Germany
ISBN 3-468-35341-3

# Inhaltsverzeichnis

# 1 Das Substantiv

## 1.1 Geschlecht

Die Substantive im Spanischen sind entweder männlich oder weiblich:

| männlich | | weiblich | |
|---|---|---|---|
| el alumno | *der Schüler* | la alumna | *die Schülerin* |

Die meisten männlichen Substantive haben folgende Endungen:

| | | |
|---|---|---|
| **-o** | el viento | *der Wind* |
| **-ón** | el camión | *der Lastwagen* |
| **-or** | el tambor | *die Trommel* |
| **-aje** | el garaje | *die Garage* |

Die meisten weiblichen Substantive haben folgende Endungen:

| | | |
|---|---|---|
| **-a** | la casa | *das Haus* |
| **-ción** | la revolución | *die Revolution* |
| **-sión** | la diversión | *die Vergnügung* |
| **-tad** | la libertad | *die Freiheit* |
| **-dad** | la universidad | *die Universität* |
| **-umbre** | la muchedumbre | *die Menschenmenge* |
| **-ud** | la amplitud | *die Weite* |
| **-ez** | la vejez | *das Alter* |

**Ausnahmen:**

| männlich | | weiblich | |
|---|---|---|---|
| el día | *der Tag* | la mano | *die Hand* |
| el mapa | *die Landkarte* | la moto | *das Motorrad* |
| el sofá | *das Sofa* | la radio | *das Radio* |
| u. a. | | u. a. | |
| viele Substantive auf *-ama, -ema, -ima, -oma*: | | | |
| el programa | *das Programm* | | |
| el problema | *das Problem* | | |
| el clima | *das Klima* | | |
| el idioma | *die Sprache* | | |
| u. a. | | | |

**Besonderheiten:**
Weibliche Substantive, die mit betontem *a-* oder *ha-* beginnen, bekommen im Singular den männlichen Artikel, behalten jedoch ihr weibliches Geschlecht. Im Plural steht wieder der weibliche Artikel:

| | |
|---|---|
| El agua está fría. | *Das Wasser ist kalt.* |
| Las aguas costeras están contaminadas. | *Die Küstengewässer sind verseucht.* |
| Ebenso z. B.: | |
| el alma, el águila, el hambre | *die Seele, der Adler, der Hunger* |

Einige Substantive ändern ihre Bedeutung, je nachdem, ob sie männlich oder weiblich gebraucht werden, z. B.:

| männlich | | weiblich | |
|---|---|---|---|
| el policía | *der Polizist* | la policía | *die Polizei* |
| el capital | *das Kapital* | la capital | *die Hauptstadt* |
| el cólera | *die Cholera* | la cólera | *die Wut* |
| el orden | *die Ordnung* | la orden | *der Orden, der Befehl* |

## 1.2 Bildung der weiblichen Form

Die weibliche Form lässt sich häufig aus der männlichen ableiten:

| männlich | | | weiblich | | |
|---|---|---|---|---|---|
| **-o** | el hijo | *der Sohn* | **-a** | la hija | *die Tochter* |
| **-Kons.** | el escritor | *der Schriftsteller* | **+ a** | la escritora | *die Schriftstellerin* |

In anderen Fällen werden beide Formen mit unterschiedlichen Wörtern bezeichnet, z. B.:

| männlich | | weiblich | |
|---|---|---|---|
| el hombre | *der Mann* | la mujer | *die Frau* |
| el padre | *der Vater* | la madre | *die Mutter* |

Manche Substantive haben nur eine Form für Maskulinum und Femininum. Das gilt insbesondere für solche, die auf *-ista* und *-ante* enden, z. B.:

| männlich | | weiblich | |
|---|---|---|---|
| el periodista | *der Journalist* | la periodista | *die Journalistin* |
| el estudiante | *der Student* | la estudiante | *die Studentin* |

## 1.3 Pluralbildung

### 1.3.1 Plural auf *-s*

Folgende Substantive bilden den Plural auf *-s*:

- Substantive, die auf unbetontem Vokal enden:

| Singular | | Plural | |
|---|---|---|---|
| el vaso | *das Glas* | los vasos | *die Gläser* |
| la mesa | *der Tisch* | las mesas | *die Tische* |

- Substantive, die auf *-á* oder *-é* enden:

| Singular | | Plural | |
|---|---|---|---|
| el sofá | *das Sofa* | los sofás | *die Sofas* |
| un café | *ein Kaffee* | dos cafés | *zwei Kaffee* |

### 1.3.2 Plural auf *-es*

Folgende Substantive bilden den Plural auf *-es*:

- Substantive, die auf *-í* oder *-ú* enden:

| Singular | | Plural | |
|---|---|---|---|
| el rubí | *der Rubin* | los rubíes | *die Rubine* |
| el bambú | *das Bambusrohr* | los bambúes | *die Bambusrohre* |

- Substantive, die auf Konsonant oder *-y* enden:

| Singular | | Plural | |
|---|---|---|---|
| el tren | *der Zug* | los trenes | *die Züge* |
| el rey | *der König* | los reyes | *die Könige* |

Bei Substantiven, die auf *-z* enden, wird im Plural das *-z* zu *-c*:

| | | | |
|---|---|---|---|
| la voz | *die Stimme* | las voces | *die Stimmen* |
| la vez | *das Mal* | las veces | *die Male* |

Substantive, die im Singular auf der letzten Silbe einen Akzent tragen, verlieren ihn im Plural:

| | | | |
|---|---|---|---|
| la estación | *der Bahnhof* | las estaciones | *die Bahnhöfe* |

## 1.3.3 Plural unverändert

Im Plural unverändert bleiben:

- Substantive, die auf unbetontes *-es* oder *-is* enden:

| Singular | | Plural | |
|---|---|---|---|
| el martes | *der Dienstag* | los martes | *die Dienstage* |
| la crisis | *die Krise* | las crisis | *die Krisen* |

Substantive, die nur aus einer Silbe bestehen, bilden den Plural auf *-es*:

el mes *der Monat* los meses *die Monate*

- zusammengesetzte Substantive, die auf *-s* enden:

| Singular | | Plural | |
|---|---|---|---|
| el abrelatas | *der Dosenöffner* | los abrelatas | *die Dosenöffner* |
| el cumpleaños | *der Geburtstag* | los cumpleaños | *die Geburtstage* |

**Besonderheit:**
Einige Substantive werden nur im Plural gebraucht, z. B.:

| | |
|---|---|
| las gafas | *die Brille* |
| las afueras | *die Umgebung* |
| las vacaciones | *der Urlaub, die Ferien* |

# 2 Der Artikel

## 2.1 Der bestimmte Artikel

### 2.1.1 Formen

Im Spanischen gibt es folgende Formen des bestimmten Artikels: *el*/*los* für das männliche, *la*/*las* für das weibliche Substantiv und *lo* als neutrale Form vor Adjektiven und Adverbien.

| | männlich | weiblich | neutral |
|---|---|---|---|
| **Singular** | **el** hijo *der Sohn* | **la** hija *die Tochter* | **lo** bueno *das Gute* |
| **Plural** | **los** hijos *die Söhne, die Kinder* | **las** hijas *die Töchter* | |

### 2.1.2 Gebrauch

Der bestimmte Artikel wird im Unterschied zum Deutschen verwendet:

- bei Gattungsnamen und abstrakten Begriffen:

| | |
|---|---|
| El oro es un metal muy apreciado. | *Gold ist ein sehr geschätztes Metall.* |
| La envidia es un vicio muy frecuente. | *Neid ist eine häufige Untugend.* |

- bei einigen Zeitangaben:

| | |
|---|---|
| El martes no tengo clase. | *Am Dienstag habe ich keinen Unterricht.* |
| Los miércoles vamos siempre al cine. | *Mittwochs gehen wir immer ins Kino.* |
| Son las cuatro. | *Es ist 4 Uhr.* |

- bei Titeln und bei der Anrede (außer *don* und *doña*):

| | |
|---|---|
| El doctor García no tiene consulta mañana. | *Doktor García hat morgen keine Sprechstunde.* |
| La señora Domínguez es una amiga de mi madre. | *Frau Domínguez ist eine Freundin meiner Mutter.* |

- bei Angabe körperlicher Eigenschaften:

| | |
|---|---|
| Pedro tiene el pelo rubio. | *Pedro hat blondes Haar.* |

- bei Prozentangaben:

| | |
|---|---|
| El diez por ciento de la población no ha nacido en el país. | *Zehn Prozent der Bevölkerung sind nicht im Land geboren.* |

- bei einigen Länder- und Städtenamen:

| | |
|---|---|
| la India | *Indien* |
| (la) Argentina | *Argentinien* |
| (los) Estados Unidos | *die Vereinigten Staaten* |
| La Habana | *Havanna* |

- Die neutrale Form *lo* existiert nur im Singular und wird verwendet, um Adjektive, Adverbien, Partizipien, Possessivpronomen und Ordnungszahlen zu substantivieren:

| | |
|---|---|
| Lo bueno de esta casa es su claridad. | *Das Gute an diesem Haus ist seine Helligkeit.* |
| Eso es lo primero que debemos hacer. | *Das ist das Erste, das wir tun müssen.* |

## 2.2 Der unbestimmte Artikel

### 2.2.1 Formen

Der männliche unbestimmte Artikel heißt *un*, der weibliche *una*. Im Unterschied zum Deutschen hat der unbestimmte Artikel im Spanischen eine Pluralform: *unos/unas*.

| | männlich | | weiblich | |
|---|---|---|---|---|
| **Singular** | **un** hijo | *ein Sohn* | **una** hija | *eine Tochter* |
| **Plural** | **unos** hijos | *Söhne, Kinder* | **unas** hijas | *Töchter* |

### 2.2.2 Gebrauch

Um eine unbestimmte Menge zu bezeichnen, wird auch im Plural der unbestimmte Artikel verwendet:

| | |
|---|---|
| Me han regalado unos libros. | *Sie haben mir Bücher geschenkt.* |

*Unos/unas* steht auch vor konkreten Gegenständen, die meist im Plural verwendet werden:

| | |
|---|---|
| Mis padres me han traído de México unos pendientes preciosos. | *Meine Eltern haben mir aus Mexiko ein Paar wunderschöne Ohrringe mitgebracht.* |

*Unos/unas* kann auch „einige/ein paar" bedeuten:

| | |
|---|---|
| Te he traído unas revistas de Chile. | *Ich habe dir ein paar Zeitschriften aus Chile mitgebracht.* |

Vor *otro* und *medio* steht im Unterschied zum Deutschen nie der unbestimmte Artikel:

| | |
|---|---|
| ¿Nos puede traer otra servilleta, por favor? | *Können Sie uns bitte noch eine Serviette bringen?* |
| Póngame medio kilo de fresas. | *Ich hätte gerne ein halbes Kilo Erdbeeren.* (wörtl. *Geben Sie mir ...*) |

Nach den Verben *llevar* und *tener* steht das darauf folgende Substantiv ohne den unbestimmten Artikel, wenn es ein Attribut der Person bezeichnet:

| | |
|---|---|
| Antonio lleva gafas. | *Antonio trägt eine Brille.* |
| Juan tiene barba. | *Juan hat einen Bart.* |

# 3 Das Pronomen

## 3.1 Personalpronomen

Es gibt Subjekt-, Objekt- und Reflexivpronomen.

### 3.1.1 Subjektpronomen

**Formen**

| Person | Singular | | Plural | |
|---|---|---|---|---|
| **1. Person** | yo | *ich* | nosotros<br>nosotras | *wir*<br>*wir* (w.) |
| **2. Person** | tú | *du* | vosotros<br>vosotras | *ihr*<br>*ihr* (w.) |
| **3. Person** | él<br>ella | *er*<br>*sie* | ellos<br>ellas | *sie*<br>*sie* (w.) |
| **Höflichkeitsform** | usted | *Sie* | ustedes | *Sie* |

Die Subjektpronomen werden – mit Ausnahme von *usted/ustedes* – im Spanischen meist weggelassen. Sie werden nur dann gebraucht, wenn ein Subjekt besonders betont werden soll:

Yo siempre voy a Francia, pero ellos prefieren Italia. — *Ich fahre immer nach Frankreich, aber sie bevorzugen Italien.*

### 3.1.2 Objektpronomen

Bei den Objektpronomen unterscheidet man zwischen unbetonten und betonten. Die unbetonten Objektpronomen werden in Verbindung mit einem Verb gebraucht, während die betonten ohne Verb stehen können und immer mit einer Präposition verwendet werden.

#### 3.1.2.1 Unbetonte Objektpronomen

**Formen**

| Person | direktes Objekt („wen?", „was?") | | indirektes Objekt („wem?") | |
|---|---|---|---|---|
| **1. Person Sg.** | me | *mich* | me | *mir* |
| **2. Person Sg.** | te | *dich* | te | *dir* |
| **3. Person Sg.** | lo<br>la | *ihn, es*<br>*sie, es* | le<br>le | *ihm*<br>*ihr* |
| **Höflichkeitsform Sg.** | lo<br>la | *Sie* (m.)<br>*Sie* (w.) | le | *Ihnen* |

| Person | direktes Objekt („wen?", „was?") | | indirektes Objekt („wem?") | |
|---|---|---|---|---|
| 1. Person Pl. | nos | *uns* | nos | *uns* |
| 2. Person Pl. | os | *euch* | os | *euch* |
| 3. Person Pl. | los | *sie* | les | *ihnen* |
| | las | *sie* (w.) | les | *ihnen* (w.) |
| Höflichkeitsform Pl. | los | *Sie* | les | *Ihnen* |
| | las | *Sie* (w.) | les | *Ihnen* (w.) |

In vielen Regionen Spaniens wird für das direkte Objekt *le*, *les* anstatt *lo*, *los* verwendet.

**Stellung und Gebrauch**

Die unbetonten Objektpronomen stehen vor dem konjugierten Verb:

**Me** ayudan a preparar la fiesta. — *Sie helfen mir, das Fest vorzubereiten.*

**Te** llamo mañana, ¿vale? — *Ich rufe dich morgen an, einverstanden?*

Bei Modalverben und verbalen Umschreibungen mit Infinitiv oder *Gerundio* können sie vor dem konjugierten Verb stehen oder an den Infinitiv angehängt werden:

No puedo llamar**te**. — *Ich kann dich nicht anrufen.*
No **te** puedo llamar.

¿Cómo es la novela? — *Wie ist der Roman?*
– Estoy leyéndo**la**. — *– Ich lese ihn gerade.*
– **La** estoy leyendo.

Beim bejahten Imperativ werden die unbetonten Objektpronomen an das Verb angehängt, beim verneinten Imperativ stehen sie davor:

¡Hága**lo**! — *Machen Sie es!*
¡No **lo** haga! — *Machen Sie es nicht!*

Stehen zwei unbetonte Objektpronomen in einem Satz, so steht das indirekte anders als im Deutschen immer vor dem direkten:

¿Os han devuelto el libro? – Sí, **nos lo** han devuelto. — *Haben sie euch das Buch zurückgegeben? – Ja, sie haben es uns zurückgegeben.*

No **se lo** he dicho todavía. — *Ich habe es ihm/ihr/ihnen noch nicht gesagt.*

Stehen zwei Pronomen der 3. Person in einem Satz, so wird das indirekte Objektpronomen *le/les* zu *se*:

| | |
|---|---|
| le/les + lo → se lo<br>le/les + la → se la | le/les + los → se los<br>le/les + las → se las |

¿Le has contado ya la historia? – Sí, ya **se la** he contado. *Hast du ihr/ihm die Geschichte schon erzählt? – Ja, ich habe sie ihr/ihm schon erzählt.*

Steht das direkte oder das indirekte Objekt zur Betonung am Satzanfang, so muss es durch das entsprechende Pronomen hinter dem Bezugswort wieder aufgenommen werden:

Las llaves **las** tiene Carmen. *Die Schlüssel hat Carmen.*
A María **le** hemos comprado un reloj por su cumpleaños. *María haben wir zum Geburtstag eine Uhr gekauft.*

## 3.1.2.2 Betonte Objektpronomen

**Formen**

| Person | Singular | | Plural | |
|---|---|---|---|---|
| **1. Person** | (a, de ...) mí | *mich, mir* | (a, de ...) nosotros<br>(a, de ...) nosotras | *uns*<br>*uns* (w.) |
| **2. Person** | (a, de ...) ti | *dich, dir* | (a, de ...) vosotros<br>(a, de ...) vosotras | *euch*<br>*euch* (w.) |
| **3. Person** | (a, de ...) él<br>(a, de ...) ella | *ihn, es, ihm*<br>*sie, es, ihr* | (a, de ...) ellos<br>(a, de ...) ellas | *sie, ihnen*<br>*sie, ihnen* (w.) |
| **Höflichkeitsform** | (a, de ...) usted | *Sie, Ihnen* | (a, de ...) ustedes | *Sie, Ihnen* |

**Gebrauch**
Die betonten Objektpronomen werden nach Präpositionen gebraucht:

Estas revistas son **para vosotros**. *Diese Zeitschriften sind für euch.*

Sie werden zusammen mit den unbetonten Objektpronomen zur Verstärkung gebraucht:

**A mí** me encantan las tartas de chocolate. *Ich esse sehr gerne Schokoladentorte.*

Mit der Präposition *con* entstehen zwei besondere Formen:

| | | |
|---|---|---|
| con + mí → | conmigo | *mit mir* |
| con + ti → | contigo | *mit dir* |

### 3.1.3 Reflexivpronomen

Reflexivpronomen begleiten reflexive Verben:

| | **levantarse** *aufstehen* |
|---|---|
| (yo) | **me** levanto |
| (tú) | **te** levantas |
| (él, ella, usted) | **se** levanta |
| (nosotros/-as) | **nos** levantamos |
| (vosotros/-as) | **os** levantáis |
| (ellos/-as/ustedes) | **se** levantan |

Die Stellung der Reflexivpronomen entspricht der Stellung der unbetonten Objektpronomen (vgl. 3.1.2.1).

## 3.2 Demonstrativpronomen

### 3.2.1 Formen

Es gibt im Spanischen drei verschiedene Demonstrativpronomen: *este*, *ese* und *aquel*. Sie stehen vor dem Substantiv und richten sich in Geschlecht und Zahl nach diesem. Sie können auch ohne Substantiv stehen und es ersetzen.

| | **männlich** | | **weiblich** | |
|---|---|---|---|---|
| **Sing.** | **este** pájaro | *dieser Vogel* | **esta** lámpara | *diese Lampe* |
| **Pl.** | **estos** pájaros | *diese Vögel* | **estas** lámparas | *diese Lampen* |
| **Sing.** | **ese** chico | *dieser Junge da* | **esa** flor | *diese Blume da* |
| **Pl.** | **esos** chicos | *diese Jungen da* | **esas** flores | *diese Blumen da* |
| **Sing.** | **aquel** lago | *dieser See dort* | **aquella** casa | *dieses Haus dort* |
| **Pl.** | **aquellos** lagos | *diese Seen dort* | **aquellas** casas | *diese Häuser dort* |

### 3.2.2 Gebrauch

*Este, esta, estos, estas* werden für Personen und Dinge verwendet, die sich in der Nähe des Sprechenden befinden:

Este teléfono funciona mal. — *Dieses Telefon funktioniert schlecht.*

*Ese, esa, esos, esas* werden für Personen und Dinge verwendet, die sich etwas weiter weg vom Sprechenden befinden:

| | |
|---|---|
| Esas revistas son del mes pasado. | *Diese Zeitschriften da sind vom vergangenen Monat.* |

*Aquel, aquella, aquellos, aquellas* werden für Personen und Dinge verwendet, die sich weiter entfernt vom Sprechenden befinden:

| | |
|---|---|
| Aquellas casas lindan con el bosque. | *Diese Häuser dort grenzen an den Wald.* |

Die Demonstrativpronomen können das Substantiv auch ersetzen. In diesem Fall tragen sie zur Unterscheidung von den anderen Formen einen Akzent:

| | |
|---|---|
| ¿Qué silla está ocupada, **ésta** o **aquélla**? | *Welcher Stuhl ist besetzt, der hier oder dieser dort?* |

Die neutralen Formen *esto* (*das*), *eso* (*das da*) und *aquello* (*das dort*) vertreten immer eine Sache oder eine Handlung, die man nicht benennen will oder kann. Sie tragen nie einen Akzent:

| | |
|---|---|
| ¿Qué es esto? | *Was ist das?* |
| No quiero tener nada que ver con eso. | *Ich will damit nichts zu tun haben.* |

## 3.3 Possessivpronomen

Es gibt unbetonte und betonte Possessivpronomen.

### 3.3.1 Unbetonte Possessivpronomen

#### 3.3.1.1 Formen

**Singular**

| männlich | | weiblich | |
|---|---|---|---|
| **mi** hermano | *mein Bruder* | **mi** hermana | *meine Schwester* |
| **tu** hermano | *dein Bruder* | **tu** hermana | *deine Schwester* |
| **su** hermano | *sein, ihr, Ihr Bruder* | **su** hermana | *seine, ihre, Ihre Schwester* |
| **nuestro** hermano | *unser Bruder* | **nuestra** hermana | *unsere Schwester* |
| **vuestro** hermano | *euer Bruder* | **vuestra** hermana | *euere Schwester* |
| **su** hermano | *ihr, Ihr Bruder* | **su** hermana | *ihre, Ihre Schwester* |

**Plural**

| männlich | | weiblich | |
|---|---|---|---|
| **mis** hermanos | *meine Brüder* | **mis** hermanas | *meine Schwestern* |
| **tus** hermanos | *deine Brüder* | **tus** hermanas | *deine ...* |
| **sus** hermanos | *seine, ihre, Ihre Brüder* | **sus** hermanas | *seine, ihre, Ihre ...* |
| **nuestros** hermanos | *unsere Brüder* | **nuestras** hermanas | *unsere ...* |
| **vuestros** hermanos | *euere Brüder* | **vuestras** hermanas | *euere ...* |
| **sus** hermanos | *ihre, Ihre Brüder* | **sus** hermanas | *ihre, Ihre ...* |

### 3.3.1.2 Gebrauch

Die unbetonten Possessivpronomen stehen vor dem Substantiv:

Mis padres vendrán el domingo. — *Meine Eltern werden am Sonntag kommen.*

## 3.3.2 Betonte Possessivpronomen

### 3.3.2.1 Formen

**Singular**

| männlich | | weiblich | |
|---|---|---|---|
| mío | *mein* | mía | *meine* |
| tuyo | *dein* | tuya | *deine* |
| suyo | *sein, ihr, Ihr* | suya | *seine, ihre, Ihre* |
| nuestro | *unser* | nuestra | *unsere* |
| vuestro | *euer* | vuestra | *euere* |
| suyo | *ihr, Ihr* | suya | *ihre, Ihre* |

**Plural**

| männlich | | weiblich | |
|---|---|---|---|
| míos | *meine* | mías | *meine* |
| tuyos | *deine* | tuyas | *deine* |
| suyos | *seine, ihre, Ihre* | suyas | *seine, ihre, Ihre* |
| nuestros | *unsere* | nuestras | *unsere* |
| vuestros | *euere* | vuestras | *euere* |
| suyos | *ihre, Ihre* | suyas | *ihre, Ihre* |

#### 3.3.2.2 Gebrauch

Die betonten Possessivpronomen stehen hinter einem Substantiv, wenn dieses von einem Artikel, einem Demonstrativpronomen oder einem Zahlwort begleitet wird:

| | |
|---|---|
| Ese vecino vuestro es muy amable. | *Dieser Nachbar von euch ist sehr nett.* |

Sie stimmen in Geschlecht und Zahl mit ihrem Bezugswort überein:

| | |
|---|---|
| Alejandra es una compañera mía. | *Alejandra ist eine Kollegin von mir.* |

*Ser* mit betontem Possessivpronomen bedeutet „gehören“:

| | |
|---|---|
| Este coche es mío. | *Dieses Auto gehört mir.* |

Die betonten Possessivpronomen können auch gebraucht werden, um die Wiederholung eines Substantivs zu vermeiden. Sie werden dann vom bestimmten Artikel begleitet:

| | |
|---|---|
| He olvidado mi bolígrafo. ¿Me prestas el tuyo? | *Ich habe meinen Kugelschreiber vergessen. Leihst du mir deinen?* |

## 3.4 Indefinitpronomen

Zu unterscheiden sind hier verbundene Indefinitpronomen, die ein Substantiv begleiten, und unverbundene Indefinitpronomen, die anstelle eines Substantivs stehen.

### 3.4.1 Verbundene Indefinitpronomen

#### 3.4.1.1 Formen

| | |
|---|---|
| cada | *jede/-r/-s, alle* |
| cualquier | *jede/-r/-s, irgendein/-e* |
| cierto/-a/-os/-as | *gewisse/-r/-s* |

#### 3.4.1.2 Gebrauch

*Cada* und *cualquier* werden nur im Singular verwendet und sind im Geschlecht unveränderlich:

| | |
|---|---|
| Cada día hay algo nuevo. | *Jeden Tag gibt es etwas Neues.* |
| Cualquier noticia de Chile le interesa. | *Jede Nachricht aus Chile interessiert ihn.* |

*Cierto* ist veränderlich, d.h. es stimmt in Geschlecht und Zahl mit seinem Bezugswort überein:

| | |
|---|---|
| Ciertas plantas son buenas para la salud. | *Gewisse Pflanzen sind gut für die Gesundheit.* |

## 3.4.2 Unverbundene Indefinitpronomen

### 3.4.2.1 Formen

| | |
|---|---|
| alguien | *jemand* |
| algo | *etwas* |
| cualquiera | *jede/-r/-s Beliebige* |
| nada | *nichts* |
| nadie | *niemand* |
| cada uno, cada una | *jede/-r Einzelne* |

### 3.4.2.2 Gebrauch

*Alguien, algo, cualquiera, nada* und *nadie* sind unveränderlich:

| | |
|---|---|
| ¿Te ha visto alguien? | *Hat dich jemand gesehen?* |
| En esta ciudad hay algo que ver. | *In dieser Stadt gibt es etwas zu sehen.* |
| Puedes preguntar a cualquiera. | *Du kannst jeden Beliebigen fragen.* |
| No comen nada. | *Sie essen nichts.* |
| Nadie te puede ayudar. | *Niemand kann dir helfen.* |

*Cada uno* hat eine weibliche Form, *cada una,* und wird nur im Singular gebraucht:

| | |
|---|---|
| En esta familia cada uno tiene su coche. | *In dieser Familie hat jeder sein Auto.* |

## 3.4.3 Indefinitpronomen, die verbunden und unverbunden verwendet werden

### 3.4.3.1 Formen

| | |
|---|---|
| alguno/-a/-os/-as | *irgendein/-e, einige, ein paar* |
| ninguno/-a | *kein/-e/-er, niemand* |
| otro/-a/-os/-as | *ein/-e andere/-r/-s, noch ein/-e/-er* |
| todo/-a/-os/-as | *jede/-r/-s, alle* |

### 3.4.3.2 Gebrauch

Diese Indefinitpronomen können ein Substantiv begleiten oder es vertreten:

| | |
|---|---|
| ¿Tienes alguna idea? | *Hast du irgendeine Idee?* |
| Algunos no volverán más. | *Einige werden nicht wiederkommen.* |
| Ningún viaje me ha costado tanto como éste. | *Keine Reise hat mich so viel gekostet wie diese.* |
| Ninguno ha visto nada. | *Keiner hat etwas gesehen.* |

| | |
|---|---|
| He escogido otra mesa. | *Ich habe einen anderen Tisch ausgesucht.* |
| Otros no tienen tantos escrúpulos. | *Andere haben nicht so viele Skrupel.* |
| Todo vuelo con destino a México tendrá una hora de retraso. | *Jeder Flug nach Mexiko wird eine Stunde Verspätung haben.* |
| Todos hablaban a la vez. | *Alle redeten auf einmal.* |

*Alguno* wird vor männlichen Substantiven zu *algún*, *ninguno* zu *ningún*:

| | |
|---|---|
| Algún día lo sabremos. | *Wir werden es irgendwann erfahren.* |
| No queda ningún sitio libre. | *Es ist kein Platz mehr frei.* |

*Otro* steht nie zusammen mit dem unbestimmten Artikel:

| | |
|---|---|
| ¿Te apetece otra cerveza? | *Möchtest du noch ein Bier?* |

*Todo* mit einem Substantiv + Artikel hat im Singular und im Plural unterschiedliche Bedeutungen:

- *todo/toda* + *el/la* + Substantiv = „der, die, das ganze"

| | |
|---|---|
| Se han comido toda la paella. | *Sie haben die ganze Paella aufgegessen.* |

- *todos/todas* + *los/las* + Substantiv = „alle, jede"

| | |
|---|---|
| Todos los oyentes se pusieron de pie. | *Alle Zuhörer sind aufgestanden.* |

## 3.5 Interrogativpronomen

### 3.5.1 Formen

| | |
|---|---|
| ¿qué? | *was?, welche/-r/-s?, was für ein/-e?* |
| ¿cuál?, ¿cuáles? | *welche/-r/-s, was für ein/-e?* |
| ¿quién?, ¿quiénes? | *wer?* |
| u. a. | |

### 3.5.2 Gebrauch

*Qué* fragt nach Personen oder Sachen und kann allein oder vor einem Substantiv stehen:

| | |
|---|---|
| ¿Qué crees tú? | *Was glaubst du?* |
| ¿Qué blusa has comprado? | *Welche Bluse hast du gekauft?* |

*Cuál/cuáles* fragt nach Personen oder Sachen aus einer bestimmten Gruppe und wird dabei meistens als Vertreter eines vorher genannten Substantivs gebraucht:

| | |
|---|---|
| De estos dos cuadros, ¿cuál escogerías? | *Welches von diesen beiden Bildern würdest du aussuchen?* |

*Quién/quiénes (wer?)* fragt nach Personen und steht ohne Substantiv:

| | |
|---|---|
| ¿Quién me puede dar su dirección? | *Wer kann mir seine Adresse geben?* |

Interrogativpronomen tragen immer einen Akzent.

## 3.6 Relativpronomen

### 3.6.1 Formen

| | |
|---|---|
| que | *der, die, das, welche/-r/-s* |
| el cual, la cual, los cuales, las cuales | *der, die, das, welche/-r/-s* |
| quien, quienes | *der, die, das, welche/-r/-s, wer* |
| lo que | *das, was* |
| cuyo, cuya, cuyos, cuyas | *dessen, deren* |

### 3.6.2 Gebrauch

*Que* ist das häufigste Relativpronomen. Es bezieht sich auf Personen und Sachen und ist unveränderlich:

| | |
|---|---|
| Los alumnos que no han aprobado el examen pueden repetirlo. | *Die Schüler, die die Prüfung nicht bestanden haben, können sie wiederholen.* |

*Que* kann zusammen mit einer Präposition mit oder ohne Artikel gebraucht werden. Der Artikel stimmt in Geschlecht und Zahl mit dem Bezugswort überein (*el que, la que, los que, las que*):

Nach **einsilbigen** Präpositionen bei **Sachen** steht *que* meistens **ohne** Artikel:

| | |
|---|---|
| La mesa en que trabajo está llena de papeles. | *Der Tisch, an dem ich arbeite, ist voll mit Papier.* |

Nach **einsilbigen** Präpositionen bei **Personen** steht *que* **mit** Artikel:

| | |
|---|---|
| La señora con la que has hablado es mi jefa. | *Die Frau, mit der du geredet hast, ist meine Chefin.* |

Nach **mehrsilbigen** Präpositionen steht *que* **mit** Artikel:

| | |
|---|---|
| El proyecto para el que necesito el dinero es muy importante. | *Das Projekt, für das ich das Geld brauche, ist sehr wichtig.* |

Die Formen *el cual, la cual, los cuales, las cuales* sind in der Umgangssprache seltener. Sie beziehen sich auf Personen und Sachen und werden vor allem nach längeren Präpositionen verwendet:

| | |
|---|---|
| La casa delante de la cual he aparcado el coche tiene el número 20. | *Das Haus, vor dem ich geparkt habe, hat die Nummer 20.* |

*Lo que* bezieht sich auf den Inhalt eines vorangehenden oder nachstehenden Satzes:

| | |
|---|---|
| Nunca hace lo que le digo. | *Nie tut er, was ich ihm sage.* |

*Quien* bezieht sich auf Personen und steht meist nach einer Präposition:

| | |
|---|---|
| La chica a quien te presenté es una vecina mía. | *Das Mädchen, dem ich dich vorgestellt habe, ist eine Nachbarin von mir.* |

i *Quien* kann in diesem Fall auch durch *que* und den bestimmten Artikel ersetzt werden.

*Cuyo* ist ein Relativpronomen mit possessiver Bedeutung. Es richtet sich in Geschlecht und Zahl nach dem folgenden Substantiv:

| | |
|---|---|
| La vecina cuyo jardín linda con el nuestro es muy simpática. | *Die Nachbarin, deren Garten an unseren grenzt, ist sehr sympathisch.* |

# 4 Das Adjektiv

Adjektive richten sich in Geschlecht und Zahl immer nach dem Substantiv, auf das sie sich beziehen.

## 4.1 Geschlecht

Adjektive, die in der männlichen Form auf *-o* enden, bilden die weibliche auf *-a*:

| männlich | weiblich |
|---|---|
| el abrigo car**o**<br>*der teure Mantel* | la bufanda car**a**<br>*der teure Schal* |

Adjektive, die in der männlichen Form auf *-a*, *-e*, *-i*, *-u* oder Konsonant enden, bleiben in der weiblichen Form unverändert:

| männlich | weiblich |
|---|---|
| el restaurante vietnamit**a**<br>*das vietnamesische Restaurant* | la comida vietnamit**a**<br>*das vietnamesische Essen* |
| el niño alegr**e**<br>*das fröhliche Kind* | la fiesta alegr**e**<br>*das fröhliche Fest* |
| el idioma difíci**l**<br>*die schwierige Sprache* | la gramática difíci**l**<br>*die schwierige Grammatik* |

Adjektive, die in der männlichen Form auf *-or*, *-ón*, *-án*, *-ín* enden, und Nationalitätsadjektive, die auf Konsonant enden, hängen in der weiblichen Form ein *-a* an. Der Akzent entfällt dann:

| männlich | weiblich |
|---|---|
| el alumno trabajador<br>*der fleißige Schüler* | la alumna trabajador**a**<br>*die fleißige Schülerin* |
| el perro juguetón<br>*der verspielte Hund* | la gata jugueton**a**<br>*die verspielte Katze* |
| el vino francés<br>*der französische Wein* | la cultura frances**a**<br>*die französische Kultur* |

**Ausnahmen:**

Ausnahmen von dieser Regel sind die Adjektive *marrón (braun)*, *mayor (größer)*, *menor (kleiner)*, *mejor (besser)*, *peor (schlechter)*, *anterior (vorherig)* und *posterior (später)*. Sie bleiben im Femininum unverändert.

## 4.2 Pluralbildung

Adjektive bilden den Plural wie die Substantive:

Adjektive, die auf Vokal (außer -í oder -ú) enden, bilden den Plural auf *-s*:

| Singular | Plural |
|---|---|
| el coche pequeñ**o**<br>*das kleine Auto* | los coches pequeño**s**<br>*die kleinen Autos* |

Adjektive, die auf Konsonant, auf *-í* oder *-ú* enden, bilden den Plural auf *-es*. Die Adjektive, die im Singular auf *-és, -án, -ón, -ín* enden, verlieren im Plural den Akzent:

| Singular | Plural |
|---|---|
| el edificio azul<br>*das blaue Gebäude* | los edificios azul**es**<br>*die blauen Gebäude* |
| la estudiante iraní<br>*die iranische Studentin* | las estudiantes iraní**es**<br>*die iranischen Studentinnen* |
| el coche alemán<br>*das deutsche Auto* | los coches aleman**es**<br>*die deutschen Autos* |

## 4.3 Stellung

### Nach dem Substantiv

Adjektive stehen in der Regel nach dem Substantiv, auf das sie sich beziehen. Sie bezeichnen dann eine unterscheidende Eigenschaft des betreffenden Substantivs:

Los platos azules son de mi madre. — *Die blauen Teller gehören meiner Mutter.*

Nachgestellt werden auch Adjektive mit vorausgehendem Adverb:

Es un niño muy maleducado. — *Er ist ein sehr ungezogener Junge.*

### Vor dem Substantiv

Vorangestellt werden Adjektive, die eine charakteristische Eigenschaft des betreffenden Substantivs bezeichnen. In diesem Fall hat das Adjektiv keine unterscheidende, sondern eher eine beschreibende Funktion:

la verde selva — *der grüne Urwald*
las azules aguas del mar — *das blaue Wasser des Meeres*

Vorangestellt werden oft *bueno (gut), malo (schlecht), grande (groß), mejor (besser)* und *peor (schlechter).*

| | |
|---|---|
| Ésta es la mejor ocasión. | *Das ist die beste Gelegenheit.* |

*Bueno* und *malo* werden verkürzt, wenn sie vor einem männlichen Substantiv stehen:

| | | | | |
|---|---|---|---|---|
| bueno | → | buen | un buen chiste | *ein guter Witz* |
| malo | → | mal | un mal día | *ein schlechter Tag* |

*Grande* wird verkürzt, wenn es vor einem männlichen oder einem weiblichen Substantiv steht. Es bekommt dann oft eine übertragene Bedeutung:

| | | | | |
|---|---|---|---|---|
| grande | → | gran | un gran pintor | *ein großartiger Maler* |
| | | | una gran fiesta | *ein großartiges Fest* |

Vorangestellt werden immer die adjektivisch gebrauchten Indefinitpronomen *otro, cierto, tanto, mucho* und *poco*:

| | |
|---|---|
| Hoy tenemos mucho trabajo. | *Heute haben wir viel Arbeit.* |

## 4.4 Steigerung

### 4.4.1 Übersicht

| | |
|---|---|
| **Grundform:** | Patricia es aplicada. *Patricia ist fleißig.* |

| | |
|---|---|
| **Komparativ:** | |
| **Gleichheit** | Patricia es **tan** aplicada **como** Carmen.<br>*Patricia ist so fleißig wie Carmen.* |
| **Überlegenheit** | Patricia es **más** aplicada **que** Carmen.<br>*Patricia ist fleißiger als Carmen.* |
| **Unterlegenheit** | Patricia es **menos** aplicada **que** Carmen.<br>*Patricia ist weniger fleißig als Carmen.* |

| | |
|---|---|
| **Superlativ:** | |
| **relativ** | Patricia es **la más aplicada** de mis alumnas.<br>*Patricia ist die fleißigste meiner Studentinnen.* |
| **absolut** | Patricia es **muy aplicada**.<br>*Patricia ist sehr fleißig.*<br>Patricia es **aplicadísima.**<br>*Patricia ist überaus fleißig.* |

**Unregelmäßige Komparativformen:**

| | | | | |
|---|---|---|---|---|
| bueno | *gut* | → | mejor | *besser* |
| malo | *schlecht* | → | peor | *schlechter* |
| grande | *groß* | → | mayor | *älter* |
| pequeño | *klein* | → | menor | *jünger* |

**Aber:**
In räumlicher Bedeutung gebraucht, werden *grande* und *pequeño* regelmäßig gesteigert:

| | |
|---|---|
| El piso de los Pérez es más grande que el nuestro. | *Die Wohnung von Herrn und Frau Pérez ist größer als unsere.* |

## 4.4.2 Bildung des relativen Superlativs

Der relative Superlativ wird mit *el más, la más, los más, las más* + Adjektiv gebildet. Artikel und Adjektiv stimmen mit dem Substantiv überein, das sie ergänzen:

| | |
|---|---|
| Las montañas de esta región son las más altas del país. | *Die Berge dieser Gegend sind die höchsten im Land.* |

## 4.4.3 Bildung des Superlativs auf *-ísimo*:

Bei Adjektiven, die auf Konsonant enden, wird die Endung *-ísimo, -ísima, -ísimos, -ísimas* an den Singular angehängt:

| | | | | |
|---|---|---|---|---|
| fácil | *einfach* | → | facilísimo, facilísimos ... | *sehr einfach* |
| difícil | *schwierig* | → | dificilísimo, dificilísima ... | *sehr schwierig* |

Bei Adjektiven, die auf Vokal enden, wird dieser durch die Endung *-ísimo, -ísima, -ísimos, -ísimas* ersetzt:

| | | | | |
|---|---|---|---|---|
| peligroso | *gefährlich* | → | peligrosísimo, peligrosísima ... | *sehr gefährlich* |
| grande | *groß* | → | grandísimo, grandísimos ... | *sehr groß* |

# 5 Das Verb: Konjugationen, Modi und Zeiten

## 5.1 Finite und infinite Verbformen

Die finiten Verbformen sind nach Person, Zahl, Zeit und Modus bestimmt (Präsens, Imperfekt, Perfekt usw.), die infiniten Verbformen dagegen nicht. Im Spanischen gibt es drei infinite Verbformen: Infinitiv, *Gerundio* und Partizip.

## 5.2 Konjugationen

Die spanischen Verben werden in drei Konjugationsgruppen eingeteilt, je nach der Endung des Infinitivs:

1. Konjugation: Verben auf *-ar*, z. B. hablar (*sprechen*)
2. Konjugation: Verben auf *-er*, z. B. beber (*trinken*)
3. Konjugation: Verben auf *-ir*, z. B. vivir (*leben, wohnen*)

## 5.3 Modi

Im Spanischen gibt es neben den **Zeiten**, die die Handlung in der Gegenwart, Vergangenheit oder Zukunft ausdrücken, drei **Modi**: Indikativ, *Subjuntivo* und Imperativ.

**Indikativ** ist der Modus der Aussage, der Behauptungen, der Wirklichkeit.
***Subjuntivo*** ist der Modus der Wünsche, der noch nicht eingetretenen Handlungen, der Irrealität.
**Imperativ** ist der Modus der Befehle oder Empfehlungen.

## 5.4 Einfache und zusammengesetzte Verbformen

Einige Zeiten werden durch zusammengesetzte Formen gebildet. Man benutzt eine Form des Hilfsverbs *haber* mit dem Partizip Perfekt. So bildet man das Perfekt, das Plusquamperferkt, das Futur II und das *Condicional Perfecto*.

## 5.5 Unpersönliche Formen

Es gibt verschiedene unpersönliche Formen des Verbs, mit denen das deutsche „man" ausgedrückt werden kann:

- *se* (*man*) + Verb in der 3. Person Singular:

| | |
|---|---|
| En este barrio se vive muy bien. | *In diesem Viertel wohnt man sehr gut.* |

- unpersönliche 3. Person Plural:

| | |
|---|---|
| Me han contado que van a abrir un centro comercial aquí cerca. | *Man hat mir erzählt, dass hier in der Nähe ein Einkaufszentrum eröffnet werden soll.* |

- unbestimmtes Pronomen *uno* + (meist) reflexives Verb in der 3. Person Singular:

| | |
|---|---|
| Uno se preocupa demasiado por los hijos. | *Man macht sich zu viele Sorgen um die Kinder.* |

- *hay que* („man muss") + Infinitiv:

| | |
|---|---|
| Hay que reconocer que tiene razón. | *Man muss zugeben, dass sie Recht hat.* |

## 5.6 Reflexive Verben

Reflexive Verben werden von einem Reflexivpronomen begleitet.

### 5.6.1 Form

| | **aburrirse**<br>*sich langweilen* |
|---|---|
| (yo) | me aburro |
| (tú) | te aburres |
| (él, ella, usted) | se aburre |
| (nosotros/-as) | nos aburrimos |
| (vosotros/-as) | os aburrís |
| (ellos/-as, ustedes) | se aburren |

### 5.6.2 Stellung der Reflexivpronomen

Das Reflexivpronomen

- steht in einfachen Zeiten vor dem konjugierten Verb:

| | |
|---|---|
| ¿A qué hora **te** levantas los domingos? | *Wann stehst du sonntags auf?* |

- steht in zusammengesetzten Zeiten vor dem Hilfsverb *haber*:

| | |
|---|---|
| No **me** he despertado cuando ha sonado el despertador. | *Ich bin nicht wach geworden, als der Wecker geklingelt hat.* |
| ¿**Te** has divertido en la fiesta? | *Hast du dich auf dem Fest amüsiert?* |

- wird an den bejahten Imperativ angehängt:

| | |
|---|---|
| Piénsa**telo**. | *Überleg es dir.* |

- steht beim verneinten Imperativ vor dem Verb:

| | |
|---|---|
| ¡No **te** lo pienses más! | *Denk nicht mehr darüber nach.* |

• wird an den Infinitiv und an das **Gerundio** angehängt:

| | |
|---|---|
| informar**se** | *sich erkundigen* |
| vistiéndo**se** | *beim Anziehen* |

Bei Modalverben (*querer, poder* + Infinitiv) und verbalen Umschreibungen mit Infinitiv oder *Gerundio* (*tener que, ir a, estar* + *Gerundio* usw.) kann das Reflexivpronomen entweder an den Infinitiv bzw. das *Gerundio* angehängt werden oder vor dem konjugierten Verb stehen:

| | |
|---|---|
| Voy a acostar**me** pronto mañana. | *Ich werde morgen zeitig zu Bett* |
| **Me** voy a acostar pronto mañana. | *gehen.* |

## 5.6.3 Reflexives Verb im Spanischen – nicht reflexives Verb im Deutschen

Einem reflexiven Verb im Spanischen entspricht nicht immer ein reflexives Verb im Deutschen, z. B.:

| | |
|---|---|
| **llamarse** | *heißen* |
| **levantarse** | *aufstehen* |
| **acostarse** | *zu Bett gehen* |
| **despertarse** | *aufwachen* |

| | |
|---|---|
| ¿Cómo te llamas? | *Wie heißt du?* |
| Ayer nos levantamos tarde. | *Gestern sind wir spät aufgestanden.* |
| ¿Te acuestas ya? | *Gehst du schon zu Bett?* |
| ¡Venga, despiértate! | *Komm! Wach auf!* |

## 5.6.4 Bedeutungsänderung bei reflexivem und nicht reflexivem Gebrauch eines Verbs

Einige Verben haben verschiedene Bedeutungen, je nachdem, ob sie reflexiv oder nicht reflexiv gebraucht werden, z. B.:

| **nicht reflexiv** | | **reflexiv** | |
|---|---|---|---|
| caer | *fallen* | caerse | *hinfallen* |
| cambiar | *ändern, wechseln* | cambiarse | *sich umziehen* |
| dormir | *schlafen* | dormirse | *einschlafen* |
| ir | *gehen, fahren, fliegen* | irse | *weggehen* |
| quedar | *übrig bleiben* | quedarse | *bleiben* |
| volver | *zurückkehren* | volverse | *sich umdrehen, werden* |

# 6 Der Indikativ

## 6.1 Präsens

### 6.1.1 Formen

#### 6.1.1.1 Regelmäßige Verben

| | 1. Konj.<br>**hablar**<br>*sprechen* | 2. Konj.<br>**beber**<br>*trinken* | 3. Konj.<br>**vivir**<br>*leben, wohnen* |
|---|---|---|---|
| (yo) | habl**o** | beb**o** | viv**o** |
| (tú) | habl**as** | beb**es** | viv**es** |
| (él, ella, usted) | habl**a** | beb**e** | viv**e** |
| (nosotros/-as) | habl**amos** | beb**emos** | viv**imos** |
| (vosotros/-as) | habl**áis** | beb**éis** | viv**ís** |
| (ellos/-as, ustedes) | habl**an** | beb**en** | viv**en** |

- Die Höflichkeitsform wird im Singular mit *usted* und der 3. Person Singular, im Plural mit *ustedes* und der 3. Person Plural gebildet.
- Die Personalpronomen für das Subjekt werden in der Regel nur bei besonderer Betonung gebraucht.

#### 6.1.1.2 Unregelmäßige Verben

**Verben mit Stammvokalveränderungen**

Bei diesen Verben kommt es in den stammbetonten Formen zu verschiedenen Vokalveränderungen.

| e → ie<br>**cerrar**<br>*schließen* | o → ue<br>**dormir**<br>*schlafen* | e → i<br>**pedir**<br>*bitten* |
|---|---|---|
| c**ie**rro | d**ue**rmo | p**i**do |
| c**ie**rras | d**ue**rmes | p**i**des |
| c**ie**rra | d**ue**rme | p**i**de |
| cerramos | dormimos | pedimos |
| cerráis | dormís | pedís |
| c**ie**rran | d**ue**rmen | p**i**den |

| **e → ie** | **o → ue** | **e → i** |
|---|---|---|
| **Ebenso:** | **Ebenso:** | **Ebenso:** |
| empezar | contar | elegir |
| *anfangen* | *(er)zählen* | *auswählen* |
| pensar | costar | repetir |
| *denken* | *kosten* | *wiederholen* |
| perder | encontrar | reírse |
| *verlieren* | *finden* | *lachen* |
| querer | mover | vestirse |
| *wollen* | *bewegen* | *s. anziehen* |
| u. a. | u. a. | u. a. |

Bei dem Verb *jugar (spielen)* wird der Stammvokal -*u* zu -*ue*:

juego, juegas, juega ...

**Verben mit unregelmäßiger erster Person Singular**
Bei einer Reihe von Verben ist nur die 1. Person Singular unregelmäßig:

| **-zco**<br>**conocer**<br>*kennen* | **-igo**<br>**traer**<br>*herbringen* | **-go**<br>**salir**<br>*hinausgehen* | **-oy**<br>**dar**<br>*geben* |
|---|---|---|---|
| cono**zco** | tra**igo** | sal**go** | d**oy** |
| conoces | traes | sales | das |
| conoce | trae | sale | da |
| usw. | usw. | usw. | usw. |

| **Ebenso:** | **Ebenso:** | **Ebenso:** | **Ebenso:** |
|---|---|---|---|
| Alle Verben, die auf -*acer*, -*ecer* und -*ucir* enden, z. B. agradecer *(danken)*, conducir *(fahren)* | caer<br>*fallen* | valer<br>*kosten, wert sein* | estar<br>*sich befinden* |

**Verben mit Veränderungen bei der Schreibung**

- Bei Verben auf -*uir* wird in den stammbetonten Formen ein *y* eingefügt:

  construir *bauen* → constru**y**o, contru**y**es, c**onstruye, construimos, construís, construyen**

- Bei Verben auf *-iar* und *-uar* trägt das *-i-* bzw. das *-u-* in den stammbetonten Formen einen Akzent:

  enviar *schicken* → envío, envías, envía, enviamos, enviáis, envían
  continuar *fortfahren* → continúo, continúas, continúa, continuamos, continuáis, continúan

- Bei Verben auf *-ger* und *-gir* wird vor der Endung *-o* das *-g-* zu *-j-*:

  coger *nehmen* → co**j**o, coges, coge, cogemos, cogéis, cogen

- Bei Verben auf *-guir* fällt vor der Endung *-o* das *-u* weg:

  seguir *folgen* → si**go**, sigues, sigue, seguimos, seguís, siguen

- Bei Verben auf *-cer* (nach Konsonant) wird vor der Endung *-o* das *-c-* zu *-z-*:

  vencer *siegen* → ven**z**o, vences, vence, vencemos, vencéis, vencen

### 6.1.2 Gebrauch

Das Präsens wird gebraucht:

- wie im Deutschen, um Handlungen und Zustände in der Gegenwart auszudrücken:

  María está bastante cansada. — *María ist ziemlich müde.*

- im Unterschied zum Deutschen in der Frageform, um nach dem Einverständnis zu fragen:

  ¿Pongo la mesa? — *Soll ich den Tisch decken?*

## 6.2 Perfekt

### 6.2.1 Formen

Das Perfekt wird mit dem Präsens des Hilfsverbs *haber* und dem Partizip Perfekt gebildet:

| | **hablar** *sprechen* | **beber** *trinken* | **vivir** *leben, wohnen* |
|---|---|---|---|
| (yo) | he hablado | he bebido | he vivido |
| (tú) | has hablado | has bebido | has vivido |
| (él, ella, usted) | ha hablado | ha bebido | ha vivido |
| (nosotros/-as) | hemos hablado | hemos bebido | hemos vivido |
| (vosotros/-as) | habéis hablado | habéis bebido | habéis vivido |
| (ellos/-as, ustedes) | han hablado | han bebido | han vivido |

- Das Hilfsverb und das Partizip stehen immer direkt zusammen.
- Einige Verben haben unregelmäßige Partizipien (s. Kap. 11), z. B.:

| **Infinitiv** | | | **Partizip** | |
|---|---|---|---|---|
| decir | *sagen* | → | dicho | *gesagt* |
| escribir | *schreiben* | → | escrito | *geschrieben* |
| hacer | *machen* | → | hecho | *gemacht* |
| poner | *legen, stellen* | → | puesto | *gelegt, gestellt* |
| u. a. | | | | |

### 6.2.2 Gebrauch

Das Perfekt wird verwendet für abgeschlossene Handlungen oder Vorgänge, die innerhalb eines noch nicht beendeten Zeitraums stattgefunden haben oder die noch einen Bezug zur Gegenwart haben. Häufig wird das Perfekt von Zeitangaben wie *hoy (heute), esta mañana (heute Morgen), este año (dieses Jahr), hasta ahora (bis jetzt)* u. a. begleitet:

| | |
|---|---|
| Este año he leído mucho. | *Dieses Jahr habe ich viel gelesen.* |
| En el accidente se ha roto un brazo. | *Bei dem Unfall hat er sich einen Arm gebrochen.* |

Das Perfekt wird ebenso in Sätzen verwendet, die nach der Realisierung einer Handlung fragen:

| | |
|---|---|
| ¿Has llamado ya a tus padres? | *Hast du deine Eltern schon angerufen?* |

## 6.3 *Indefinido*

### 6.3.1 Formen

#### 6.3.1.1 Regelmäßige Verben

| | **hablar** *sprechen* | **beber** *trinken* | **vivir** *leben, wohnen* |
|---|---|---|---|
| (yo) | habl**é** | beb**í** | viv**í** |
| (tú) | habl**aste** | beb**iste** | viv**iste** |
| (él, ella, usted) | habl**ó** | beb**ió** | viv**ió** |
| (nosotros/-as) | habl**amos** | beb**imos** | viv**imos** |
| (vosotros/-as) | habl**asteis** | beb**isteis** | viv**isteis** |
| (ellos/-as, ustedes) | habl**aron** | beb**ieron** | viv**ieron** |

### 6.3.1.2 Unregelmäßige Verben

**Verben mit Stammvokalveränderungen**
Bei einigen Verben auf *-ir* verändert sich in der 3. Person Singular und Plural der Stammvokal.

| **e → i**<br>**pedir**<br>*bitten* | **o → u**<br>**dormir**<br>*schlafen* |
|---|---|
| pedí | dormí |
| pediste | dormiste |
| p**i**dió | d**u**rmió |
| pedimos | dormimos |
| pedisteis | dormisteis |
| p**i**dieron | d**u**rmieron |

**Ebenso:**
elegir *auswählen*
repetir *wiederholen*
reírse *lachen*
seguir *fortfahren*
sentir *fühlen*
u. a.

**Ebenso:**
morir *sterben*

**Verben mit neuem Stamm**
Eine Reihe von Verben haben im *Indefinido* einen neuen Stamm. Sie haben alle die gleichen Endungen, unabhängig davon, ob sie zur 1., 2. oder 3. Konjugation gehören, z. B.:

| **estar**<br>*sein* | **hacer**<br>*machen* | **Endungen** |
|---|---|---|
| estuve | hice | -e |
| estuviste | hiciste | -iste |
| estuvo | hizo | -o |
| estuvimos | hicimos | -imos |
| estuvisteis | hicisteis | -isteis |
| estuvieron | hicieron | -ieron |

**Ebenso:**

| Infinitiv | *Indefinido*-Stamm | konjugiertes Verb |
|---|---|---|
| decir *sagen* | dij- | dije, dijiste, dijo ... |
| poder *können* | pud- | pude, pudiste, pudo ... |
| poner *legen, stellen* | pus- | puse, pusiste, puso ... |
| querer *wollen* | quis- | quise, quisiste, quiso ... |
| saber *wissen* | sup- | supe, supiste, supo ... |
| tener *haben* | tuv- | tuve, tuviste, tuvo ... |
| traer *herbringen* | traj- | traje, trajiste, trajo ... |
| venir *kommen* | vin- | vine, viniste, vino ... |
| u. a. | | |

Bei den Verben, die im neuen Stamm ein *j* haben, fällt das *-i-* der Endung der 3. Person Plural weg:

decir → dijeron

**Verben mit Veränderungen bei der Schreibung**

- Bei Verben auf *-eer*, *-uir*, *-aer* und dem Verb *oír (hören)* wird in der 3. Person Singular und Plural das unbetonte *-i-* zwischen Vokalen zu *-y-*:

  leer *lesen* → leí, leíste, le**y**ó, leímos, leísteis, le**y**eron
  caer *fallen* → caí, caíste, ca**y**ó, caímos, caísteis, ca**y**eron

- Bei Verben auf *-gar* wird vor der Endung -e das *g* zu *gu*:

  llegar *ankommen* → lle**gu**é, llegaste, llegó ...

- Bei Verben auf *-car* wird vor der Endung *-é* das *c* zu *qu*:

  buscar *suchen* → bus**qu**é, buscaste, buscó ...

- Bei Verben auf *-zar* wird vor der Endung -e das *z* zu *c:*

  empezar *anfangen* → empe**c**é, empezaste, empezó ...

- Bei Verben auf *-guar* wird vor der Endung -e das *u* zu *ü:*

  averiguar *herausfinden* → averig**ü**é, averiguaste, averiguó ...

### 6.3.2 Gebrauch

Das *Indefinido* wird verwendet für Handlungen oder Vorgänge, die zu einem bestimmten Zeitpunkt oder innerhalb eines abgeschlossenen Zeitraums in der Vergangenheit stattgefunden haben. Es antwortet auf die Frage, **was** in der Vergangenheit geschehen ist. Häufig werden hierbei Zeitangaben wie *ayer (gestern)*, *la semana pasada (vergangene Woche)*, *el año pasado (letztes Jahr)* usw. verwendet:

| | |
|---|---|
| Ayer traté de llamarla. | *Gestern versuchte ich sie anzurufen.* |
| La semana pasada perdí el avión y tuve que tomar el tren. | *Vergangene Woche verpasste ich das Flugzeug und musste den Zug nehmen.* |

## 6.4 Imperfekt

### 6.4.1 Formen

#### 6.4.1.1 Regelmäßige Verben

| | **hablar** *sprechen* | **beber** *trinken* | **vivir** *leben, wohnen* |
|---|---|---|---|
| (yo) | habl**aba** | beb**ía** | viv**ía** |
| (tú) | habl**abas** | beb**ías** | viv**ías** |
| (él, ella, usted) | habl**aba** | beb**ía** | viv**ía** |
| (nosotros/-as) | habl**ábamos** | beb**íamos** | viv**íamos** |
| (vosotros/-as) | habl**abais** | beb**íais** | viv**íais** |
| (ellos/-as, ustedes) | habl**aban** | beb**ían** | viv**ían** |

#### 6.4.1.2 Unregelmäßige Verben

Im Imperfekt gibt es nur drei unregelmäßige Verben: *ser (sein)*, *ver (sehen)* und *ir (gehen, fahren)*.

| **ser** | **ver** | **ir** |
|---|---|---|
| era | veía | iba |
| eras | veías | ibas |
| era | veía | iba |
| éramos | veíamos | íbamos |
| erais | veíais | ibais |
| eran | veían | iban |

## 6.4.2 Gebrauch

Das Imperfekt wird verwendet, um die Dauer oder den Verlauf einer Handlung oder eines Zustands zu betonen. Es antwortet auf die Frage, **wie** etwas in der Vergangenheit war, und hat somit eine eher beschreibende Funktion.

Das Imperfekt wird gebraucht:

- zur Wiedergabe von Gewohnheiten und sich wiederholenden Vorgängen in der Vergangenheit:

  Cuando era joven fumaba mucho. *Als ich jung war, rauchte ich viel.*

- zur Beschreibung von Sachen, Personen oder Zuständen in der Vergangenheit:

  De niña se parecía mucho a su madre. *Als Kind glich sie sehr ihrer Mutter.*

- für Handlungen, die in der Vergangenheit gleichzeitig abliefen:

  Mientras ellos dormían, yo preparaba el desayuno. *Während sie schliefen, bereitete ich das Frühstück vor.*

### Imperfekt und *Indefinido*

Wenn sich zwei Handlungen in der Vergangenheit abspielten, verwendet man das Imperfekt, um eine noch andauernde Handlung auszudrücken, und das *Indefinido*, um eine neu einsetzende Handlung wiederzugeben:

Estábamos de vacaciones cuando llegó el telegrama. *Wir waren in Urlaub, als das Telegramm kam.*

Einige Verben ändern ihre Bedeutung, je nachdem, ob sie im Imperfekt oder im *Indefinido* stehen, z. B.:

| | | |
|---|---|---|
| **saber** | Imperfekt (sabía): | „wissen" |
| | *Indefinido* (supe): | „erfahren" |
| **conocer** | Imperfekt (conocía): | „kennen" |
| | *Indefinido* (conocí): | „kennen lernen" |
| **tener** | Imperfekt (tenía): | „haben" |
| | *Indefinido* (tuve): | „bekommen" |

# 6.5 Plusquamperfekt

## 6.5.1 Formen

Das Plusquamperfekt wird mit dem Imperfekt des Hilfsverbs *haber* und dem Partizip Perfekt gebildet:

| | **hablar**<br>*sprechen* | **beber**<br>*trinken* | **vivir**<br>*leben, wohnen* |
|---|---|---|---|
| (yo) | había hablado | había bebido | había vivido |
| (tú) | habías hablado | habías bebido | habías vivido |
| (él, ella, usted) | había hablado | había bebido | había vivido |
| (nosotros/-as) | habíamos hablado | habíamos bebido | habíamos vivido |
| (vosotros/-as) | habíais hablado | habíais bebido | habíais vivido |
| (ellos/-as, ustedes) | habían hablado | habían bebido | habían vivido |

## 6.5.2 Gebrauch

Das Plusquamperfekt wird verwendet für Handlungen oder Ereignisse, die vor anderen Handlungen oder Ereignissen in der Vergangenheit abgeschlossen waren:

| | |
|---|---|
| Cuando la encontré, ya había comprado el piso. | *Als ich sie traf, hatte sie die Wohnung bereits gekauft.* |

# 6.6 Futur I

## 6.6.1 Formen

### 6.6.1.1 Regelmäßige Verben

| | **hablar**<br>*sprechen* | **beber**<br>*trinken* | **vivir**<br>*leben, wohnen* |
|---|---|---|---|
| (yo) | hablar**é** | beber**é** | vivir**é** |
| (tú) | hablar**ás** | beber**ás** | vivir**ás** |
| (él, ella, usted) | hablar**á** | beber**á** | vivir**á** |
| (nosotros/-as) | hablar**emos** | beber**emos** | vivir**emos** |
| (vosotros/-as) | hablar**éis** | beber**éis** | vivir**éis** |
| (ellos/-as, ustedes) | hablar**án** | beber**án** | vivir**án** |

### 6.6.1.2 Unregelmäßige Verben
Manche Verben bekommen im Futur einen neuen Stamm. Die Endungen sind jedoch regelmäßig:

| Infinitiv | | Futur-Stamm | konjugiertes Verb |
|---|---|---|---|
| decir | *sagen* | dir- | diré, dirás, dirá ... |
| hacer | *machen* | har- | haré, harás, hará ... |
| poder | *können* | podr- | podré, podrás, podrá ... |
| poner | *legen, stellen* | pondr- | pondré, pondrás, pondrá ... |
| querer | *wollen* | querr- | querré, querrás, querrá ... |
| saber | *wissen* | sabr- | sabré, sabrás, sabrá ... |
| salir | *hinausgehen* | saldr- | saldré, saldrás, saldrá ... |
| tener | *haben* | tendr- | tendré, tendrás, tendrá ... |
| venir | *kommen* | vendr- | vendré, vendrás, vendrá ... |

## 6.6.2 Gebrauch
Das Futur I wird gebraucht:

- um Vorgänge oder Handlungen auszudrücken, die in der Zukunft liegen:

  Me devolverá el dinero en marzo. — *Er wird mir das Geld im März zurückgeben.*

i Eine zukünftige Handlung kann man auch mit der Umschreibung *ir a* + Infinitiv ausdrücken:

  ¿Qué vas a hacer mañana? — *Was wirst du morgen machen?*

- um eine Vermutung in der Gegenwart auszudrücken:

  Estará enfermo. — *Er wird wohl krank sein.*

## 6.7 Futur II

### 6.7.1 Formen

Das Futur II wird mit dem Futur I des Hilfsverbs *haber* und dem Partizip Perfekt gebildet:

| | **hablar** *sprechen* | **beber** *trinken* | **vivir** *leben, wohnen* |
|---|---|---|---|
| (yo) | habré hablado | habré bebido | habré vivido |
| (tú) | habrás hablado | habrás bebido | habrás vivido |
| (él, ella, usted) | habrá hablado | habrá bebido | habrá vivido |
| (nosotros/-as) | habremos hablado | habremos bebido | habremos vivido |
| (vosotros/-as) | habréis hablado | habréis bebido | habréis vivido |
| (ellos/-as, ustedes) | habrán hablado | habrán bebido | habrán vivido |

### 6.7.8 Gebrauch

Das Futur II wird verwendet für Handlungen, die abgeschlossen sein werden, wenn eine andere zukünftige Handlung eintritt:

Cuando volvamos a vernos, ya habré terminado la carrera. — *Wenn wir uns wiedersehen werden, werde ich das Studium schon beendet haben.*

Das Futur II kann auch eine Vermutung in der Vergangenheit ausdrücken:

Habrá olvidado la cita. — *Sie wird die Verabredung wohl vergessen haben.*

## 6.8 *Condicional*

### 6.8.1 Formen

#### 6.8.1.1 Regelmäßige Verben

| | **hablar** *sprechen* | **beber** *trinken* | **vivir** *leben, wohnen* |
|---|---|---|---|
| (yo) | hablar**ía** | beber**ía** | vivir**ía** |
| (tú) | hablar**ías** | beber**ías** | vivir**ías** |
| (él, ella, usted) | hablar**ía** | beber**ía** | vivir**ía** |
| (nosotros/-as) | hablar**íamos** | beber**íamos** | vivir**íamos** |
| (vosotros/-as) | hablar**íais** | beber**íais** | vivir**íais** |
| (ellos/-as, ustedes) | hablar**ían** | beber**ían** | vivir**ían** |

[illegible]

### 6.8.1.2 Unregelmäßige Verben

Einige Verben bekommen im *Condicional* einen neuen Stamm (vgl. Futur I):

| Infinitiv | | Stamm | konjugiertes Verb |
|---|---|---|---|
| decir | *sagen* | dir- | diría, dirías, diría ... |
| hacer | *machen* | har- | haría, harías, haría ... |
| poder | *können* | podr- | podría, podrías, podría ... |
| poner | *legen, stellen* | pondr- | pondría, pondrías, pondría ... |
| querer | *wollen* | querr- | querría, querrías, querría ... |
| saber | *wissen* | sabr- | sabría, sabrías, sabría ... |
| salir | *hinausgehen* | saldr- | saldría, saldrías, saldría ... |
| tener | *haben* | tendr- | tendría, tendrías, tendría ... |
| venir | *kommen* | vendr- | vendría, vendrías, vendría ... |

## 6.8.2 Gebrauch

Das *Condicional* wird gebraucht:

- um eine höfliche Bitte oder einen Wunsch auszudrücken:

| | |
|---|---|
| ¿Podría cerrar la puerta? | *Könnten Sie die Tür schließen?* |
| Querría un kilo de uvas, por favor. | *Ich möchte ein Kilo Trauben bitte.* |

- um eine Vermutung in der Vergangenheit auszudrücken:

| | |
|---|---|
| No te contestaría porque estaba durmiendo. | *Er hat dir wahrscheinlich nicht geantwortet, weil er schlief.* |

- in der indirekten Rede (s. Kap. 18.2):

| | |
|---|---|
| Juan me preguntó que cuándo volvería. | *Juan fragte mich, wann ich zurückkommen würde.* |

- im Hauptsatz eines irrealen Bedingungssatzes (im Nebensatz steht der *Subjuntivo* Imperfekt, s. Kap. 7.2 und 7.5.3):

| | |
|---|---|
| Te prestaría el dinero si lo tuviera. | *Ich würde dir das Geld leihen, wenn ich es hätte.* |

## 6.9 *Condicional Perfecto*

### 6.9.1 Formen

Das *Condicional Perfecto* wird mit dem *Condicional* des Hilfsverbs *haber* und dem Partizip Perfekt gebildet:

| | **hablar** *sprechen* | **beber** *trinken* | **vivir** *leben, wohnen* |
|---|---|---|---|
| (yo) | habría hablado | habría bebido | habría vivido |
| (tú) | habrías hablado | habrías bebido | habrías vivido |
| (él, ella, usted) | habría hablado | habría bebido | habría vivido |
| (nosotros/-as) | habríamos hablado | habríamos bebido | habríamos vivido |
| (vosotros/-as) | habríais hablado | habríais bebido | habríais vivido |
| (ellos/-as, ustedes) | habrían hablado | habrían bebido | habrían vivido |

### 6.9.2 Gebrauch

Das *Condicional Perfecto* steht im Hauptsatz eines irrealen Bedingungssatzes, wenn die entsprechende Handlung nicht verwirklicht werden konnte. Im Hauptsatz kann statt *Condicional Perfecto* auch *Subjuntivo* Plusquamperfekt stehen, im Nebensatz steht immer *Subjuntivo* Plusquamperfekt:

Si hubiera tenido dinero, habría hecho (hubiera hecho) el viaje. — *Wenn ich Geld gehabt hätte, hätte ich die Reise gemacht.*

# 7 Der *Subjuntivo*

## 7.1 *Subjuntivo* Präsens

### 7.1.1 Regelmäßige Verben

| | **hablar** *sprechen* | **beber** *trinken* | **vivir** *leben, wohnen* |
|---|---|---|---|
| **Ausgangsform: 1. Person Singular Präsens** | **habl**o | **beb**o | **viv**o |
| (yo) | habl**e** | beb**a** | viv**a** |
| (tú) | habl**es** | beb**as** | viv**as** |
| (él, ella, usted) | habl**e** | beb**a** | viv**a** |
| (nosotros/-as) | habl**emos** | beb**amos** | viv**amos** |
| (vosotros/-as) | habl**éis** | beb**áis** | viv**áis** |
| (ellos/-as, ustedes) | habl**en** | beb**an** | viv**an** |

### 7.1.2 Unregelmäßige Verben

**Verben mit Stammvokalveränderung**

Bei den Verben auf *-ar* und *-er* sind die Veränderungen im *Subjuntivo* die gleichen wie im Indikativ (vgl. 6.1.1.2):

| **cerrar** *schließen* | **volver** *zurückkehren* |
|---|---|
| c**ie**rre | v**ue**lva |
| c**ie**rres | v**ue**lvas |
| c**ie**rre | v**ue**lva |
| cerremos | volvamos |
| cerréis | volváis |
| c**ie**rren | v**ue**lvan |

Bei den Verben auf *-ir* sind die Veränderungen im *Subjuntivo* ebenfalls die gleichen wie im Indikativ. Hier ist nur zu beachten, dass in der 1. und 2. Person Plural zusätzlich *-e-* zu *-i-* bzw. *-o-* zu *-u-* wird:

| **pedir** *bitten* | **sentir** *fühlen, bedauern* | **dormir** *schlafen* |
|---|---|---|
| p**i**da<br>p**i**das<br>p**i**da<br>p**i**damos<br>p**i**dáis<br>p**i**dan | s**ie**nta<br>s**ie**ntas<br>s**ie**nta<br>s**i**ntamos<br>s**i**ntáis<br>s**ie**ntan | d**ue**rma<br>d**ue**rmas<br>d**ue**rma<br>d**u**rmamos<br>d**u**rmáis<br>d**ue**rman |

**Verben mit unregelmäßiger erster Person Singular**
Verben, die im Indikativ Präsens eine unregelmäßige 1. Person Singular haben, behalten die Unregelmäßigkeit in allen Personen des *Subjuntivo* Präsens bei:

| **-zca**<br>**conocer**<br>*kennen* | **-iga**<br>**traer**<br>*herbringen* | **-ga**<br>**salir**<br>*hinausgehen* |
|---|---|---|
| conozca<br>conozcas<br>conozca<br>usw. | traiga<br>traigas<br>traiga<br>usw. | salga<br>salgas<br>salga<br>usw. |

## 7.2 *Subjuntivo* Imperfekt

| | **hablar** *sprechen* | **beber** *trinken* | **vivir** *leben, wohnen* |
|---|---|---|---|
| **Ausgangsform: 3. Pers. Plural *Indefinido*** | **habla**ron | **bebie**ron | **vivie**ron |
| (yo) | habla**ra**/habla**se** | bebie**ra**/bebie**se** | vivie**ra**/vivie**se** |
| (tú) | habla**ras**/habla**ses** | bebie**ras**/bebie**ses** | vivie**ras**/vivie**ses** |
| (él, usted) | habla**ra**/habla**se** | bebie**ra**/bebie**se** | vivie**ra**/vivie**se** |
| (nosotros/-as) | hablá**ramos**/<br>hablá**semos** | bebié**ramos**/<br>bebié**semos** | vivié**ramos**/<br>vivié**semos** |
| (vosotros/-as) | habla**rais**/<br>habla**seis** | bebie**rais**/<br>bebie**seis** | vivie**rais**/<br>vivie**seis** |
| (ellos/-as, ustedes) | habla**ran**/habla**sen** | bebie**ran**/bebie**sen** | vivie**ran**/vivie**sen** |

- Der *Subjuntivo* Imperfekt aller Verben wird von der 3. Person Plural des *Indefinido* abgeleitet. An diesen Stamm werden die entsprechenden Endungen angehängt.
- Die Endungen auf *-ra* und *-se* können alternativ gebraucht werden.

## 7.3 *Subjuntivo* Perfekt

Der *Subjuntivo* Perfekt wird mit dem *Subjuntivo* Präsens von *haber* und dem Partizip Perfekt gebildet:

| | **hablar** *sprechen* | **beber** *trinken* | **vivir** *leben, wohnen* |
|---|---|---|---|
| (yo) | haya hablado | haya bebido | haya vivido |
| (tú) | hayas hablado | hayas bebido | hayas vivido |
| (él, ella, usted) | haya hablado | haya bebido | haya vivido |
| (nosotros/-as) | hayamos hablado | hayamos bebido | hayamos vivido |
| (vosotros/-as) | hayáis hablado | hayáis bebido | hayáis vivido |
| (ellos/-as, ustedes) | hayan hablado | hayan bebido | hayan vivido |

## 7.4 *Subjuntivo* Plusquamperfekt

Der *Subjuntivo* Plusquamperfekt wird mit dem *Subjuntivo* Imperfekt von *haber* und dem Partizip Perfekt gebildet:

| | | |
|---|---|---|
| (yo) | hubiera/hubiese | hablado, bebido, vivido |
| (tú) | hubieras/hubieses | hablado, bebido, vivido |
| (él, ella, usted) | hubiera/hubiese | hablado, bebido, vivido |
| (nosotros/-as) | hubiéramos/hubiésemos | hablado, bebido, vivido |
| (vosotros/as) | hubierais/hubieseis | hablado, bebido, vivido |
| (ellos/-as, ustedes) | hubieran/hubiesen | hablado, bebido, vivido |

## 7.5 Gebrauch des *Subjuntivo*

Während der Indikativ Handlungen oder Zustände als objektive Tatsachen darstellt, drückt der *Subjuntivo* subjektive Einstellungen aus. Aussagen im *Subjuntivo* verweisen auf die persönliche Einstellung des Sprechenden. Der *Subjuntivo* wird fast nur in Nebensätzen verwendet.

### 7.5.1 Nach der Konjunktion *que*

Der *Subjuntivo* steht im *que*-Satz

- nach Verben der Willensäußerung (z. B. Wunsch, Befehl, Vorschlag, Verbot usw.):

| | |
|---|---|
| Queremos que nos ayuden. | *Wir wollen, dass sie uns helfen.* |
| Te propongo que hagamos el trabajo juntos. | *Ich schlage dir vor, dass wir die Arbeit gemeinsam machen.* |

- nach Verben der Gefühlsäußerung (z. B. Freude, Angst, Bedauern usw.):

| | |
|---|---|
| Siento mucho que no puedas acompañarme. | *Ich bedauere sehr, dass du mich nicht begleiten kannst.* |
| Sus padres se alegran de que no se vaya al extranjero. | *Seine Eltern freuen sich, dass er nicht ins Ausland geht.* |

- nach einer verneinten persönlichen Stellungnahme (z. B. Verben des Sagens, Denkens, Glaubens usw.):

| | |
|---|---|
| No digo que tengas razón. | *Ich sage nicht, dass du Recht hast.* |
| No creemos que sea capaz de hacerlo. | *Wir glauben nicht, dass er imstande ist, es zu tun.* |

- nach bestimmten unpersönlichen Ausdrücken, die eine persönliche Stellungnahme beinhalten: *ser* + Adjektiv + *Subjuntivo*:

| | |
|---|---|
| Es importante que habléis con ellos. | *Es ist wichtig, dass ihr mit ihnen redet.* |
| Es posible que no estén en casa. | *Es ist möglich, dass sie nicht zu Hause sind.* |

## 7.5.2 Nach anderen Konjunktionen

Bestimmte Konjunktionen erfordern den *Subjuntivo*:

| | | | |
|---|---|---|---|
| para que | *damit* | antes de que | *bevor* |
| sin que | *ohne, dass* | a no ser que | *es sei denn, dass* |
| en caso de que | *falls* | con tal (de) que | *vorausgesetzt, dass* |
| a condición de que | *unter der Bedingung, dass* | | |

| | |
|---|---|
| Te lo digo para que estés preparada. | *Ich sage es dir, damit du vorbereitet bist.* |
| Antes de que venga tenemos que arreglar su habitación. | *Bevor er kommt, müssen wir sein Zimmer in Ordnung bringen.* |

Nach *cuando (als, wenn), después de que (nachdem), aunque (obwohl, selbst wenn)* und *hasta que (bis)* kann *Subjuntivo* oder Indikativ stehen. Wird eine Handlung als bereits stattgefundenes Ereignis oder als Gewohnheit dargestellt, verwendet man den Indikativ. Wird ein – ungewisser – Zeitpunkt in der Zukunft ausgedrückt, steht der *Subjuntivo*:

| | |
|---|---|
| Cuando llegó fui a buscarla. | *Als sie ankam, ging ich sie abholen.* |
| Cuando llegue iré a buscarla. | *Wenn sie ankommt, werde ich sie abholen gehen.* |

### 7.5.3 *Subjuntivo* in Bedingungssätzen

Der *Subjuntivo* steht bei Bedingungssätzen im Nebensatz („*si*-Satz"), wenn die Bedingung nicht erfüllt wurde. Bezieht sich der Bedingungssatz auf die Gegenwart oder Zukunft, wird der *Subjuntivo* Imperfekt verwendet, bezieht er sich auf die Vergangenheit, steht der *Subjuntivo* Plusquamperfekt:

| | |
|---|---|
| Si no lloviera, daríamos un paseo. | *Wenn es nicht regnen würde, würden wir einen Spaziergang machen.* |
| Si no hubiera llovido, habríamos dado un paseo. | *Wenn es nicht geregnet hätte, hätten wir einen Spaziergang gemacht.* |

### 7.5.4 *Subjuntivo* in Relativsätzen

Der *Subjuntivo* steht in Relativsätzen, die eine Bedingung oder einen Wunsch enthalten:

| | |
|---|---|
| Quiero hacer un viaje que no dure más de dos semanas. | *Ich möchte eine Reise machen, die nicht länger als zwei Wochen dauert.* |
| Buscamos un hotel que esté en el centro. | *Wir suchen ein Hotel, das im Zentrum ist.* |

### 7.5.5 *Subjuntivo* in unabhängigen Sätzen

Der *Subjuntivo* wird in unabhängigen Sätzen verwendet, um Wünsche oder Hoffnungen auszudrücken, z. B.:

| | |
|---|---|
| ¡Que te mejores! | *Gute Besserung!* |
| ¡Que aproveche! | *Guten Appetit!* |
| ¡Que te diviertas! | *Viel Vergnügen!* |
| ¡Ojalá que nos veamos pronto! | *Hoffentlich sehen wir uns bald!* |
| Quizás tengas razón. | *Vielleicht hast du Recht.* |

i

*Quizás* kann auch – je nach Wahrscheinlichkeitsgrad – mit dem Indikativ stehen:

| | |
|---|---|
| Quizás tienes razón. | *Vielleicht hast du Recht.* |

# 8 Der Imperativ

## 8.1 Formen

### 8.1.1 Regelmäßige Verben

| | **hablar** *sprechen* | **beber** *trinken* | **escribir** *schreiben* |
|---|---|---|---|
| (tú) | ¡habl**a**! | ¡beb**e**! | ¡escrib**e**! |
| (usted) | ¡habl**e**! | ¡beb**a**! | ¡escrib**a**! |
| (nosotros/-as) | ¡habl**emos**! | ¡beb**amos**! | ¡escrib**amos**! |
| (vosotros/-as) | ¡habl**ad**! | ¡beb**ed**! | ¡escrib**id**! |
| (ustedes) | ¡habl**en**! | ¡beb**an**! | ¡escrib**an**! |

- Nur die 2. Person Singular und Plural haben eine eigene Imperativform. Für die anderen Personen werden die entsprechenden Formen des *Subjuntivo* Präsens verwendet. Dies gilt auch für alle Personen des verneinten Imperativs: *¡no hables!, ¡no hable!, ¡no hablemos!, ¡no habléis!, ¡no hablen!* (vgl. Kap. 7.1).

### 8.1.2 Unregelmäßige Verben

Die Verben, die im Präsens Stammvokalveränderungen haben, behalten diese im Imperativ bei, z. B.:

| | **pensar** *denken* | **volver** *zurückkehren* |
|---|---|---|
| (tú) | ¡p**ie**nsa! | ¡v**ue**lve! |
| (usted) | ¡p**ie**nse! | ¡v**ue**lva |
| (nosotros/-as) | ¡pensemos! | ¡volvamos! |
| (vosotros/-as) | ¡pensad! | ¡volved! |
| (ustedes) | ¡p**ie**nsen! | ¡v**ue**lvan! |

Folgende Verben haben eine unregelmäßige 2. Person Singular:

| | | | |
|---|---|---|---|
| decir | *sagen* | → | ¡di! |
| hacer | *machen* | → | ¡haz! |
| ir | *gehen, fahren, fliegen* | → | ¡ve! |
| poner | *legen, stellen* | → | ¡pon! |
| salir | *hinausgehen* | → | ¡sal! |
| ser | *sein* | → | ¡sé! |
| tener | *haben* | → | ¡ten! |
| venir | *kommen* | → | ¡ven! |

Die unregelmäßigen Höflichkeitsformen sowie die 1. Person Plural sind durch die Unregelmäßigkeiten der Formen des *Subjuntivo* bedingt:

| | **decir**<br>*sagen* | **hacer**<br>*machen* |
|---|---|---|
| (tú) | ¡di! | ¡haz! |
| (usted) | ¡diga! | ¡haga! |
| (nosotros/-as) | ¡digamos! | ¡hagamos! |
| (vosotros/-as) | ¡decid! | ¡haced! |
| (ustedes) | ¡digan! | ¡hagan! |

## 8.2 Stellung der Pronomen

Beim bejahten Imperativ werden die Objektpronomen an die Imperativformen angehängt, beim verneinten Imperativ stehen sie vor dem Verb:

¡Cómpra**lo**! — *Kauf es!*
¡No **lo** compres! — *Kauf es nicht!*

Die Reflexivpronomen werden beim bejahten Imperativ ebenfalls an das Verb angehängt. Dabei entfällt in der 1. Person Plural das *-s* der Endung und in der 2. Person Plural das *-d*:

Sentemos + nos → ¡Sentémonos! — *Setzen wir uns!*
Esconded + os → ¡Escondeos! — *Versteckt euch!*

# 9 Der Infinitiv

Der Infinitiv kommt im Spanischen häufig in verbalen Umschreibungen vor und kann auch Nebensätze verkürzen.

## 9.1 Verbale Umschreibungen mit dem Infinitiv

Die meisten verbalen Umschreibungen drücken den Beginn oder das Ende einer Handlung aus:

| | | |
|---|---|---|
| ir a | + Infinitiv | *etwas tun werden* |
| acabar de | + Infinitiv | *gerade etwas getan haben* |
| acabar por | + Infinitiv | *schließlich etwas tun* |
| ponerse a | + Infinitiv | *anfangen, etwas zu tun* |
| no tardar en | + Infinitiv | *bald etwas tun* |
| llegar a | + Infinitiv | *schließlich etwas erreichen* |

Voy a volver tarde. — *Ich werde spät zurückkommen.*
Pedro acaba de llegar. — *Pedro ist gerade angekommen.*
Por fin llegó a terminar sus estudios. — *Endlich hat er es geschafft, sein Studium zu beenden.*

## 9.2 Verkürzung von Nebensätzen

- *Al* + Infinitiv dient zur Verkürzung eines Temporalsatzes der Gleichzeitigkeit:

  Al bajar la escalera, me caí. — *Als ich die Treppe hinunterging, fiel ich hin.*

- *Antes de, después de* (*bevor, nachdem*) + Infinitiv dient ebenfalls zur Verkürzung eines Temporalsatzes:

  Antes de ir al trabajo, Javier lee siempre el periódico. — *Bevor er zur Arbeit geht, liest Javier immer die Zeitung.*

- *Por* + Infinitiv dient zur Verkürzung eines Kausalsatzes:

  Por hablar tan alto has despertado a todo el mundo. — *Weil du so laut geredet hast, hast du alle aufgeweckt.*

- *De* + Infinitiv dient zur Verkürzung eines Bedingungssatzes:

  De haber consultado un médico, ahora te sentirías mejor. — *Wenn du einen Arzt aufgesucht hättest, würdest du dich jetzt besser fühlen.*

# 10 Das *Gerundio*

Das spanische *Gerundio* ist eine unveränderliche Form des Verbs, für die es im Deutschen keine direkte Entsprechung gibt.

## 10.1 Formen

### 10.1.1 Regelmäßige Verben

| **hablar** *sprechen* | **beber** *trinken* | **vivir** *leben, wohnen* |
|---|---|---|
| habl**ando** | beb**iendo** | viv**iendo** |

### 10.1.2 Unregelmäßige Verben

Bei allen Verben auf *-ir*, bei denen sich im Präsens der Stammvokal *-e-* in *-ie-* oder *-i-* verwandelt, wird im *Gerundio* das *-e-* zu *-i-*:

| | | | |
|---|---|---|---|
| pedir | *bitten* | → | p**i**diendo |
| sentir | *fühlen* | → | s**i**ntiendo |

Die Verben *poder*, *dormir* und *morir* haben im *Gerundio* ein *-u-* im Stamm:

| | | | |
|---|---|---|---|
| poder | *können* | → | p**u**diendo |
| dormir | *schlafen* | → | d**u**rmiendo |
| morir | *sterben* | → | m**u**riendo |

Bei den Verben auf *-er* und *-ir*, die im Infinitiv zwei aufeinander folgende Vokale haben, wird das *-i-* der *Gerundio*-Endung durch ein *-y-* ersetzt:

| | | | |
|---|---|---|---|
| construir | *bauen* | → | constru**y**endo |
| creer | *glauben* | → | cre**y**endo |

## 10.2 Gebrauch

Wie der Infinitiv tritt auch das *Gerundio* in verbalen Umschreibungen auf und kann zur Verkürzung von Nebensätzen verwendet werden.

## 10.2.1 Verbale Umschreibungen mit dem *Gerundio*

Verbale Umschreibungen mit dem *Gerundio* dienen dazu, den Verlauf einer Handlung bzw. deren Anfang oder Ende auszudrücken:

| | | |
|---|---|---|
| estar | + *Gerundio* | *gerade etwas tun* |
| seguir | + *Gerundio* | *fortfahren, etwas zu tun* |
| llevar | + *Gerundio* | *seit einer gewissen Zeit etwas tun* |
| empezar | + *Gerundio* | *anfangen, etwas zu tun* |
| acabar | + *Gerundio* | *schließlich etwas tun* |

Cuando llegamos estaban desayunando. — *Als wir ankamen, frühstückten sie gerade.*

Teresa lleva ya ocho años viviendo en el Perú. — *Teresa lebt schon seit acht Jahren in Peru.*

Acabaron aceptando la nueva situación. — *Sie haben die neue Situation schließlich akzeptiert.*

## 10.2.2 Verkürzung von Nebensätzen

Das *Gerundio* verkürzt

- einen Modalsatz:

  Cogiendo su bolso, se marchó. — *Sie nahm ihre Tasche und ging.*

- einen Temporalsatz:

  Saliendo de la estación, encontré a tu hermano. — *Als ich aus dem Bahnhof kam, traf ich deinen Bruder.*

- einen Bedingungssatz:

  Llegando un poco antes, podrás cenar con nosotros. — *Wenn du ein bisschen früher kommst, kannst du mit uns zu Abend essen.*

- einen Konzessivsatz mit der Konjunktion *aun*:

  Aun creyendo su historia, no podría hacer nada por él. — *Auch wenn ich seine Geschichte glauben würde, könnte ich nichts für ihn tun.*

# 11 Das Partizip Perfekt

## 11.1 Formen

### 11.1.1 Regelmäßige Verben

| **hablar** *sprechen* | **beber** *trinken* | **vivir** *leben, wohnen* |
|---|---|---|
| habl**ado** | beb**ido** | viv**ido** |

### 11.1.2 Unregelmäßige Verben

Einige Verben haben ein unregelmäßiges Partizip:

| | | | | |
|---|---|---|---|---|
| abrir | *öffnen* | → | abierto | *geöffnet* |
| decir | *sagen* | → | dicho | *gesagt* |
| escribir | *schreiben* | → | escrito | *geschrieben* |
| hacer | *machen* | → | hecho | *gemacht* |
| poner | *legen, stellen* | → | puesto | *gelegt, gestellt* |
| romper | *zerbrechen* | → | roto | *zerbrochen* |
| ver | *sehen* | → | visto | *gesehen* |
| volver | *zurückkommen* | → | vuelto | *zurückgekommen* |
| u. a. | | | | |

## 11.2 Gebrauch

Das Partizip Perfekt wird gebraucht:

- mit dem Hilfsverb *haber* zur Bildung der zusammengesetzten Zeiten. Das Partizip ist unveränderlich:

  Hemos trabajado todo el día. — *Wir haben den ganzen Tag gearbeitet.*

- mit dem Hilfsverb *ser* zur Bildung des Passivs. Das Partizip ist veränderlich:

  La ciudad fue fundada hace 200 años. — *Die Stadt wurde vor 200 Jahren gegründet.*

- mit dem Hilfsverb *estar* zur Bildung des Zustandspassivs. Das Partizip ist veränderlich:

  La puerta está cerrada. — *Die Tür ist geschlossen.*

# 12 Das Passiv

## 12.1 Formen

Beim Passiv wird zwischen Vorgang und Zustand unterschieden:

| **Vorgangspassiv**<br>**Präsens von *invitar***<br>*ich werde eingeladen* | **Zustandspassiv**<br>**Präsens von *invitar***<br>*ich bin eingeladen* |
|---|---|
| soy invitado/-a<br>eres invitado/-a<br>es invitado/-a<br>somos invitados/-as<br>sois invitados/-as<br>son invitados/-as | estoy invitado/-a<br>estás invitado/-a<br>está invitado/-a<br>estamos invitados/-as<br>estáis invitados/-as<br>están invitados/-as |

- Das Passiv wird mit *ser* bzw. *estar* und dem Partizip Perfekt gebildet.
- Das Partizip richtet sich in Geschlecht und Zahl nach dem Subjekt des Satzes.
- Die deutsche Präposition *von* oder *durch* wird mit *por* wiedergegeben:

La casa fue construida **por** mi abuelo. — *Das Haus wurde von meinem Großvater gebaut.*

## 12.2 Gebrauch

Das Passiv kommt in der spanischen Umgangssprache selten vor. Es wird häufig durch eine reflexive Verbform in der 3. Person Singular oder Plural ersetzt:

Las patatas se cuecen durante 30 minutos. — *Die Kartoffeln werden 30 Minuten gekocht.*

# 13 Der Gebrauch der Verben *ser* und *estar*

## 13.1 Gebrauch von *ser*

Das Verb *ser* wird gebraucht:

- um Personen oder Sachen zu identifizieren:

| | |
|---|---|
| Rocío Hernández es mi profesora de latín. | *Rocío Hernández ist meine Lateinlehrerin.* |
| Quito es la capital del Ecuador. | *Quito ist die Hauptstadt von Ecuador.* |

- für Zeitangaben:

| | |
|---|---|
| Son las cuatro. | *Es ist vier Uhr.* |
| Hoy es el 24 de junio. | *Heute ist der 24. Juni.* |

- mit der Präposition *de* zur Angabe der Herkunft, des Besitzes, des Materials:

| | |
|---|---|
| Estas estudiantes son de Italia. | *Diese Studentinnen sind aus Italien.* |
| El libro que te presté es de mi padre. | *Das Buch, das ich dir geliehen habe, gehört meinem Vater.* |
| Este vestido es de seda. | *Dieses Kleid ist aus Seide.* |

- für Preisangaben:

| | |
|---|---|
| ¿Cuánto es? – Son 12 euros. | *Wie viel macht das? – Das macht 12 Euro.* |

- Bei schwankenden Preisen wird *estar* + *a* verwendet:

| | |
|---|---|
| En este momento, los mejillones están a 4 euros el kilo. | *Im Moment kostet das Kilo Muscheln 4 Euro.* |

## 13.2 Gebrauch von *estar*

Das Verb *estar* wird gebraucht:

- zur Angabe des Ortes beim Substantiv mit bestimmtem Artikel und bei Eigennamen:

| | |
|---|---|
| Los niños están en el colegio. | *Die Kinder sind in der Schule.* |
| Carmen no está en casa. | *Carmen ist nicht zu Hause.* |

Beim Substantiv mit unbestimmtem Artikel, beim Substantiv ohne Artikel sowie vor Indefinitpronomen und Zahlen wird zur Angabe des Ortes *hay* (*es gibt, da ist/sind*), eine unpersönliche Form von *haber*, verwendet:

| | |
|---|---|
| En este pueblo **hay** una iglesia muy bonita. | *In diesem Dorf ist eine sehr schöne Kirche.* |
| A estas horas siempre **hay** mucha gente en la calle. | *Um diese Zeit sind immer viele Leute auf der Straße.* |

- *Estar* wird ebenfalls verwendet, um das persönliche Befinden auszudrücken:

| | |
|---|---|
| Hoy no estoy muy bien. | *Heute geht es mir nicht sehr gut.* |

## 13.3 *Ser* oder *estar* + Adjektiv

Adjektive, die dauerhafte oder charakteristische Eigenschaften ausdrücken, werden mit *ser* verwendet. Hierbei kann es sich auch um allgemeine Feststellungen handeln:

| | |
|---|---|
| Rosa es muy alegre. | *Rosa ist sehr fröhlich (ein fröhlicher Mensch).* |
| Esta película es muy larga. | *Dieser Film ist sehr lang.* |
| La Tierra es redonda. | *Die Erde ist rund.* |

Adjektive, die einen vorübergehenden Zustand ausdrücken, werden mit *estar* gebraucht. Mit *estar* + Adjektiv werden auch subjektive Einstellungen zum Ausdruck gebracht:

| | |
|---|---|
| Felipe está muy alegre hoy. | *Felipe ist heute sehr fröhlich.* |
| Esta paella está muy buena. | *Diese Paella ist (schmeckt) sehr gut.* |

Einige Adjektive ändern ihre Bedeutung, je nachdem, ob sie mit *ser* oder *estar* verwendet werden:

| ***ser* + Adjektiv** | | ***estar* + Adjektiv** | |
|---|---|---|---|
| ser rico | *reich sein* | estar rico | *gut schmecken* |
| ser vivo | *lebhaft sein* | estar vivo | *am Leben sein* |
| ser joven | *jung sein* | estar joven | *jung aussehen* |
| ser listo | *schlau sein* | estar listo | *fertig sein* |
| ser consciente | *gewissenhaft sein* | estar consciente | *bei Bewusstsein sein* |

# 14 Das Adverb

## 14.1 Formen

Es gibt im Spanischen zwei Arten von Adverbien: ursprüngliche Adverbien (z.B. *bastante, „ziemlich"; todavía, „noch"; ya, „schon"*) und abgeleitete Adverbien auf *-mente*. Beide sind unveränderlich.

Die Adverbien auf *-mente* werden wie folgt von Adjektiven abgeleitet:

- Bei Adjektiven auf *-o* wird die Endung *-mente* an die weibliche Form angehängt:

| | |
|---|---|
| modesto → modesta → modestamente | *bescheiden* |

Viven modestamente. — *Sie leben bescheiden.*

- Bei Adjektiven auf *-e*, *-a* oder Konsonant, bei denen die männliche und die weibliche Form gleich sind, wird die Endung *-mente* direkt angehängt:

| | |
|---|---|
| amable → amablemente | *freundlich* |

Me ha saludado amablemente. — *Sie hat mich freundlich gegrüßt.*

## 14.2 Besonderheiten beim Gebrauch

Adverbien auf *-mente* werden häufig durch adverbiale Wendungen ersetzt:

Indudablemente tiene razón. — *Zweifellos hat er Recht.*
→ Sin duda tiene razón.

Weitere adverbiale Wendungen:

| | | | |
|---|---|---|---|
| cortésmente | *höflich* | → | de manera cortés/con cortesía |
| frecuentemente | *häufig* | → | con frecuencia |
| inmediatamente | *sofort* | → | de inmediato |
| tranquilamente | *ruhig* | → | con tranquilidad |

Einige Adjektive können auch als Adverbien gebraucht werden:

El profesor tiene que hablar alto. — *Der Lehrer muss laut sprechen.*
Los alumnos hablan bajo. — *Die Schüler reden leise.*

## 14.3 Stellung

Ein Adverb steht in der Regel nach dem Verb:

| | |
|---|---|
| Se pelearon bastante. | *Sie stritten ziemlich miteinander.* |

Adverbien, die Zweifel oder Unsicherheit ausdrücken, stehen vor dem Verb:

| | |
|---|---|
| Probablemente vengan más tarde. | *Wahrscheinlich kommen sie später.* |

Quantitätsadverbien stehen vor einem Adjektiv oder einem Adverb:

| | |
|---|---|
| Este viaje es **muy** caro. | *Diese Reise ist sehr teuer.* |
| Mi hermana habla **bastante** bien italiano. | *Meine Schwester spricht ziemlich gut Italienisch.* |

## 14.4 Steigerung

Adverbien haben, wie die Adjektive, drei Steigerungsstufen (vgl. Kap. 4.4.1):

| | |
|---|---|
| **Grundform:** | María trabaja rápidamente. *María arbeitet schnell.* |
| **Komparativ:** | |
| **Gleichheit** | María trabaja **tan** rápidamente **como** yo.<br>*María arbeitet so schnell wie ich.* |
| **Überlegenheit** | María trabaja **más** rápidamente **que** yo.<br>*María arbeitet schneller als ich.* |
| **Unterlegenheit** | María trabaja **menos** rápidamente **que** yo.<br>*María arbeitet weniger schnell als ich.* |
| **Superlativ:** | |
| **Relativ** | María es **la** que **más rápidamente** trabaja.<br>*María arbeitet am schnellsten.* |
| **Absolut** | María trabaja **muy rápidamente**.<br>*María arbeitet sehr schnell.*<br>María trabaja **rapidísimamente**.<br>*María arbeitet ungeheuer schnell.* |

**Einige Adverbien haben unregelmäßige Komparativformen:**

| | | | | |
|---|---|---|---|---|
| bien | *gut* | → | mejor | *besser* |
| mal | *schlecht* | → | peor | *schlechter* |
| poco | *wenig* | → | menos | *weniger* |
| mucho | *viel* | → | más | *mehr* |

# 15 Die Präposition

## 15.1 Übersicht

Die häufigsten Präpositionen sind:

| | | | |
|---|---|---|---|
| a | *nach, um, zu* | hace | *vor* |
| con | *mit, bei* | hasta | *bis, sogar* |
| de | *von, aus* | para | *für, um ... zu* |
| desde | *seit, von ... aus* | por | *wegen, durch, von* |
| en | *in, an, auf* | sin | *ohne* |
| entre | *zwischen* | sobre | *über, auf* |

## 15.2 *a*

Die Präposition *a* (*nach, zu, in, an, auf...*) wird vor allem gebraucht:

- zur Angabe der Richtung:

  Este año vamos a ir **a** España. — *Dieses Jahr werden wir nach Spanien fahren.*

- zur Angabe der Entfernung:

  El hotel está **a** 500 metros de la estación. — *Das Hotel ist 500 Meter vom Bahnhof entfernt.*

- zur Angabe der Uhrzeit:

  La clase termina **a** las tres y media. — *Der Unterricht endet um halb vier.*

- vor dem indirekten Objekt:

  Voy a regalarle el cuadro **a** mi hermana. — *Ich werde das Bild meiner Schwester schenken.*

- vor dem direkten Objekt, wenn dieses eine Person ist:

  El otro día vi **a** Juan. — *Neulich habe ich Juan gesehen.*

## 15.3 *con*

Die Präposition *con* (*mit*) wird verwendet:

- zur Angabe der Begleitung oder der Begleitumstände:

  Voy a hacer un viaje **con** mi hija. — *Ich werde mit meiner Tochter verreisen.*

  **Con** este tiempo es mejor quedarse en casa. — *Bei diesem Wetter bleibt man besser zu Hause.*

- zur Angabe des Mittels bzw. der Art und Weise:

Se lo ha dicho **con** mucho tacto. — *Er hat es ihr mit viel Taktgefühl gesagt.*

## 15.4 *de*

Die Präposition *de* (*von, aus*) kann ausdrücken:

- Herkunft:

El tren viene **de** Barcelona. — *Der Zug kommt aus Barcelona.*
Mi marido es **de** Grecia. — *Mein Mann ist aus Griechenland.*

- Besitz:

Este coche es **de** mi vecina. — *Dieses Auto gehört meiner Nachbarin.*

- Stoff, Material:

Mi hermano sólo lleva camisas **de** seda. — *Mein Bruder trägt nur Seidenhemden.*

- den Teil eines Ganzen:

Para este plato necesitas un kilo **de** tomates. — *Für dieses Gericht brauchst du ein Kilo Tomaten.*

- nähere Bestimmung, Thema:

La clase **de** francés es siempre muy interesante. — *Der Französischunterricht ist immer sehr interessant.*

- Zeitraum (*de ... a*):

Trabajo **de** lunes **a** jueves. — *Ich arbeite von Montag bis Donnerstag.*

## 15.5 *desde*

Die Präposition *desde* (*von ... aus, ab, seit*) kann ausdrücken:

- Ort:

**Desde** mi ventana puedo ver toda la ciudad. — *Von meinem Fenster aus kann ich die ganze Stadt sehen.*

- Zeit:

**Desde** las once de la mañana no he comido nada. — *Seit 11 Uhr habe ich nichts mehr gegessen.*

Bei *desde* in der Bedeutung „seit“ wird unterschieden zwischen Zeitpunkt (*desde*) und Zeitspanne (*desde hace*):

„seit“ + Zeitpunkt: desde

**Desde** marzo no he vuelto a hablar con ellos. — *Seit März habe ich nicht mehr mit ihnen geredet.*

„seit“ + Zeitspanne: desde hace

Belén estudia inglés **desde hace** tres años. — *Belén lernt seit drei Jahren Englisch.*

## 15.6 *en*

Die Präposition *en* (*in, auf, an ...*) wird benutzt:

- zur Angabe des Ortes:

**En** esta ciudad hay cuatro museos. — *In dieser Stadt gibt es vier Museen.*

- für verschiedene Zeitangaben:

**En** octubre empezaré con mi nuevo trabajo. — *Im Oktober werde ich mit meiner neuen Arbeit anfangen.*
Estaremos de vuelta **en** una semana. — *Wir werden in einer Woche wieder zurück sein.*

- zur Angabe des Fortbewegungsmittels:

Ir **en** tren es muy cómodo. — *Mit dem Zug zu fahren, ist sehr bequem.*

## 15.7 *entre*

*Entre* (*zwischen*) kann zeitlich und örtlich gebraucht werden:

**Entre** la una y las cuatro está todo cerrado. — *Zwischen 13.00 und 14.00 Uhr ist alles geschlossen.*
Ana estaba sentada **entre** sus suegros. — *Ana saß zwischen ihren Schwiegereltern.*

## 15.8 *hace*

Die Präposition *hace* (*vor*) drückt die Zeit aus, die seit einem bestimmten Zeitpunkt bis zur Gegenwart vergangen ist:

| | |
|---|---|
| **Hace** tres años lo vi por última vez. | *Vor drei Jahren sah ich ihn zum letzten Mal.* |

## 15.9 *hasta*

*Hasta* (*bis*) kann zeitlich und örtlich gebraucht werden:

| | |
|---|---|
| **Hasta** Madrid son 400 kilómetros. | *Bis Madrid sind es 400 Kilometer.* |
| Julio trabaja **hasta** las seis y media. | *Julio arbeitet bis halb sieben.* |

*Hasta* bedeutet auch „sogar":

| | |
|---|---|
| ¡Lo sé hasta yo! | *Sogar ich weiß es!* |

## 15.10 *para*

Die Präposition *para* (*für, um ...zu, nach*) wird verwendet:

- zur Angabe der Bestimmung oder des Zwecks:

| | |
|---|---|
| Estos libros son **para** mi cuñado. | *Diese Bücher sind für meinen Schwager.* |

- zur Angabe der Zielrichtung:

| | |
|---|---|
| El tren **para** Bilbao saldrá con veinte minutos de retraso. | *Der Zug nach Bilbao wird mit zwanzig Minuten Verspätung abfahren.* |

- um einen Zeitpunkt in der Zukunft auszudrücken:

| | |
|---|---|
| Dejaremos el resto **para** mañana. | *Wir werden den Rest für morgen aufheben.* |

- zusammen mit einem Infinitiv, um eine Absicht auszudrücken:

| | |
|---|---|
| Corrimos mucho **para** no llegar tarde. | *Wir sind sehr schnell gefahren/gelaufen, um nicht zu spät zu kommen.* |

## 15.11 *por*

Die Präposition *por* (*für, wegen, durch ...*) drückt aus:

- Ursache, Grund:

| | |
|---|---|
| Todo esto lo ha hecho **por** ella. | *Das alles hat er für sie getan.* |

- Preis, Gegenwert:

| | |
|---|---|
| Han pagado demasiado **por** esta casa. | *Sie haben zu viel für dieses Haus bezahlt.* |

- ungenaue Ortsangabe:

| | |
|---|---|
| No hay ningún restaurante **por** aquí. | *In dieser Gegend gibt es kein Restaurant.* |

- allgemeine Zeitangabe:

| | |
|---|---|
| **Por** la mañana trabajo siempre de 8 a 11. | *Morgens arbeite ich immer von 8 bis 11.* |

Ebenso: por la tarde (*nachmittags*)
por la noche (*abends, nachts*)

- Vertretung:

| | |
|---|---|
| Si no tienes tiempo, yo puedo ir **por** ti. | *Wenn du keine Zeit hast, kann ich für dich hingehen.* |

- Mittel:

| | |
|---|---|
| Si mandas el paquete **por** avión, llegará más rápido. | *Wenn du das Paket per Luftpost schickst, wird es schneller ankommen.* |

- Urheber beim Passiv:

| | |
|---|---|
| El poema fue leído **por** un actor muy conocido. | *Das Gedicht wurde von einem sehr bekannten Schauspieler vorgelesen.* |

## 15.12 *sin*

Die Präposition *sin* bedeutet „ohne“:

| | |
|---|---|
| **Sin** su ayuda no habría terminado el trabajo a tiempo. | *Ohne ihre Hilfe hätte ich die Arbeit nicht rechtzeitig beendet.* |

## 15.13 *sobre*

*Sobre* (*über, auf*) kann konkret und übertragen verwendet werden:

| | |
|---|---|
| He dejado las llaves **sobre** la mesa. | *Ich habe die Schlüssel auf den Tisch gelegt.* |
| Hemos hablado **sobre** la película que vimos el otro día. | *Wir haben über den Film geredet, den wir neulich sahen.* |

# 16 Die Konjunktion

Man unterscheidet zwischen nebenordnenden Konjunktionen, die gleichrangige Sätze oder Satzglieder verbinden, und unterordnenden Konjunktionen, die Nebensätze einleiten.

## 16.1 Nebenordnende Konjunktionen

Die häufigsten nebenordnenden Konjunktionen sind:

| | | | |
|---|---|---|---|
| y | *und* | (ni) ...ni | *weder ...noch* |
| o | *oder* | pero | *aber* |
| (o) ... o | *entweder ... oder* | sino | *sondern* |
| ni | *und nicht, auch nicht, noch* | | |

| | |
|---|---|
| Ya era bastante tarde **y** hacía frío. | *Es war schon ziemlich spät, und es war kalt.* |
| (**O**) vamos a Grecia **o** nos quedamos en casa. | *Entweder wir fahren nach Griechenland oder wir bleiben zu Hause.* |
| No escucha **ni** parece interesarle. | *Er hört nicht zu, und es scheint ihn auch nicht zu interessieren.* |
| Estamos invitados a la fiesta **pero** no vamos a ir. | *Wir sind zu dem Fest eingeladen, aber wir werden nicht hingehen.* |

## 16.2 Unterordnende Konjunktionen

### 16.2.1 *que*

Die Konjunktion *que* (*dass*) leitet Nebensätze ein, die Subjekt, direktes Objekt oder eine präpositionale Ergänzung zum Hauptsatz sein können:

| | |
|---|---|
| Creo **que** va a llover. | *Ich glaube, dass es regnen wird.* |
| Es probable **que** Rosa consiga el trabajo. | *Es ist wahrscheinlich, dass Rosa die Arbeit bekommt.* |

### 16.2.2 Andere Konjunktionen

- Konjunktionen, die einen Temporalsatz einleiten:

| | |
|---|---|
| cuando | *wenn, als* |
| antes de que | *bevor* |
| después de que | *nachdem* |
| hasta que | *bis* |
| mientras | *während* |

| | |
|---|---|
| **Cuando** llegó ya habíamos terminado la cena. | *Als er kam, waren wir schon mit dem Abendessen fertig.* |
| Cierra las ventanas **antes de que** te vayas. | *Schließ die Fenster, bevor du gehst.* |
| Voy a esperar **hasta que** sepa algo concreto. | *Ich werde warten, bis ich etwas Konkretes weiß.* |

Einige Konjunktionen erfordern den *Subjuntivo* (vgl. 7.5.2).

- Konjunktionen, die einen Kausalsatz einleiten:

| | |
|---|---|
| porque | *da, weil, denn* |
| como | *da, weil* |
| pues | *denn* |
| puesto que | *da, weil, denn* |

| | |
|---|---|
| No os puedo acompañar **porque** no tengo tiempo. | *Ich kann euch nicht begleiten, weil ich keine Zeit habe.* |
| Carlos no va a quedarse mucho tiempo **pues** tiene que levantarse temprano. | *Carlos wird nicht lange bleiben, denn er muss früh aufstehen.* |

- Konjunktionen, die einen Konsekutivsatz einleiten:

| | |
|---|---|
| de modo que | *so dass* |
| de forma que | *so dass* |
| de manera que | *so dass* |

| | |
|---|---|
| Mañana tengo clase hasta las ocho, **de manera que** no puedo ayudarte. | *Morgen habe ich Unterricht bis acht, so dass ich dir nicht helfen kann.* |

- Konjunktionen, die einen Finalsatz einleiten:

| | |
|---|---|
| para que | *damit* |
| a fin de que | *damit* |

| | |
|---|---|
| Ponte el impermeable **para que** no te mojes. | *Zieh den Regenmantel an, damit du nicht nass wirst.* |

Finalsätze erfordern immer den *Subjuntivo*.

- Konjunktionen, die einen Konzessivsatz einleiten:

| | |
|---|---|
| aunque | *obwohl, selbst wenn* |
| a pesar de que | *obwohl* |

Vamos a comprar la casa **aunque** es bastante cara. — *Wir werden das Haus kaufen, obwohl es sehr teuer ist.*

*Aunque* steht je nach Bedeutung mit dem Indikativ oder dem *Subjuntivo* (vgl. 7.5.2).

- Konjunktionen, die einen Konditionalsatz („Bedingungssatz") einleiten:

| | |
|---|---|
| si | *wenn* |
| en caso (de) que | *falls* |
| con tal de que | *vorausgesetzt, dass* |
| a condición de que | *unter der Bedingung, dass* |

**Si** no puedes traerme el libro, yo iré a buscarlo. — *Wenn du mir das Buch nicht bringen kannst, werde ich es holen kommen.*

**En caso de que** lleguemos con retraso os informaremos. — *Falls wir mit Verspätung ankommen, werden wir euch Bescheid sagen.*

*En caso (de) que, con tal de que* und *a condición de que* erfordern den *Subjuntivo* (vgl. 7.5.2).

- Konjunktionen, die einen Modalsatz einleiten:

| | |
|---|---|
| como | *wie* |
| como si | *als ob* |

Lo hicimos **como** habíamos acordado. — *Wir haben es so gemacht, wie wir es abgesprochen hatten.*
Me miró **como si** no me hubiera reconocido. — *Er schaute mich an, als ob er mich nicht erkannt hätte.*

Nach *como si* steht der *Subjuntivo* Imperfekt oder der *Subjuntivo* Plusquamperfekt.

# 17 Die Zahlen

## 17.1 Grundzahlen

| | | | | | |
|---|---|---|---|---|---|
| 0 | cero | 18 | dieciocho | 100 | cien (ciento) |
| 1 | uno/-a | 19 | diecinueve | 101 | ciento uno |
| 2 | dos | 20 | veinte | 200 | doscientos/-as |
| 3 | tres | 21 | veintiuno/-a | 300 | trescientos/-as |
| 4 | cuatro | 22 | veintidós | 400 | cuatrocientos/-as |
| 5 | cinco | 23 | veintitrés | 500 | quinientos/-as |
| 6 | seis | 24 | veinticuatro | 600 | seiscientos/-as |
| 7 | siete | 30 | treinta | 700 | setecientos/-as |
| 8 | ocho | 31 | treinta y uno | 800 | ochocientos/-as |
| 9 | nueve | 32 | treinta y dos | 900 | novecientos/-as |
| 10 | diez | 33 | treinta y tres | 1.000 | mil |
| 11 | once | 40 | cuarenta | 1.100 | mil cien |
| 12 | doce | 41 | cuarenta y uno | 2.000 | dos mil |
| 13 | trece | 50 | cincuenta | 100.000 | cien mil |
| 14 | catorce | 60 | sesenta | 300.000 | trescientos/as mil |
| 15 | quince | 70 | setenta | 1.000.000 | un millón |
| 16 | dieciséis | 80 | ochenta | | |
| 17 | diecisiete | 90 | noventa | | |

- *uno* wird vor einem männlichen Adjektiv zu *un*:

| | |
|---|---|
| un libro | *ein Buch* |
| veintiún libros | *einundzwanzig Bücher* |

- Die Zahl 100 kann *cien* oder *ciento* heißen. *Cien* wird vor Substantiven, vor *mil* und *millones*, *ciento* in den Zahlwörtern 101–199 gebraucht:

| | |
|---|---|
| cien asientos | *hundert Plätze* |
| ciento veinte miembros | *hundert zwanzig Mitglieder* |

- Von 200 bis 900 richten sich die Hunderterzahlen nach dem Geschlecht des Substantivs, auf das sie sich beziehen:

| | |
|---|---|
| cuatrocientas piezas | *vierhundert Teile* |
| quinientos alumnos | *fünfhundert Schüler* |

### Gebrauch

Das **Datum** wird mit Grundzahlen und der Präposition *de* angegeben. Die Jahreszahl wird ebenfalls mit der Präposition *de* angeschlossen. Nur beim ersten Tag des Monats kann die Ordnungszahl die Grundzahl ersetzen:

| | |
|---|---|
| el 22 (veintidós) de abril de 1946 (mil novecientos cuarenta y seis) | *der 22. April 1946* |
| el primero/uno de febrero | *der erste Februar* |

Die **Uhrzeit** wird mit Grundzahlen angegeben und steht mit dem bestimmten Artikel:

| | |
|---|---|
| ¿Qué hora es? | *Wie viel Uhr ist es?* |
| - Es la una. | *- Es ist ein Uhr.* |
| - Son las dos. | *- Es ist zwei Uhr.* |

Bis zur folgenden halben Stunde werden die Minuten mit *y* addiert:

| | |
|---|---|
| Es la una y cinco. | *Es ist fünf nach eins.* |
| Son las dos y cuarto. | *Es ist Viertel nach zwei.* |
| Son las tres y media. | *Es ist halb vier.* |

Danach werden die Minuten von der folgenden vollen Stunde mit *menos* abgezogen:

| | |
|---|---|
| Son las cuatro menos veinticinco. | *Es ist fünf nach halb vier.* |
| Son las cinco menos cuarto. | *Es ist Viertel vor fünf.* |

## 17.2 Ordnungszahlen

| | | | |
|---|---|---|---|
| 1º | primero/-a | 7º | séptimo |
| 2º | segundo/-a | 8º | octavo/-a |
| 3º | tercero/-a | 9º | noveno/-a |
| 4º | cuarto/-a | 10º | décimo/-a |
| 5º | quinto/-a | 100º | centésimo/-a |
| 6º | sexto/-a | 1.000º | milésimo/-a |

- Die Ordnungszahlen richten sich in Geschlecht und Zahl nach ihrem Bezugswort.
- *Primero* und *tercero* werden vor einem männlichen Substantiv zu *primer* und *tercer* verkürzt:

| | |
|---|---|
| Mis padres viven en el tercer piso. | *Meine Eltern wohnen im dritten Stock.* |

### Gebrauch

Die Ordnungszahlen werden in der Regel nur bis 10 gebraucht. Danach verwendet man die Grundzahlen:

| | |
|---|---|
| He terminado el capítulo 12 (doce). | *Ich bin mit dem 12. Kapitel fertig.* |

Bei Herrschernamen werden die Ordnungszahlen – bis X. – nachgestellt:

| | |
|---|---|
| Carlos Quinto | *Karl V.* |

# 18 Die indirekte Rede

## 18.1 Allgemeines

In der indirekten Rede wird im Spanischen meist der Indikativ verwendet:

| **direkte Rede** | |
|---|---|
| Manuel dice: "Quiero estudiar Matemáticas." | *Manuel sagt: „Ich will Mathematik studieren."* |

| **indirekte Rede** | |
|---|---|
| Manuel dice que quiere estudiar Matemáticas. | *Manuel sagt, er wolle Mathematik studieren.* |

Abweichend vom Deutschen darf *que (dass)* nicht weggelassen werden.

## 18.2 Zeitenfolge in der indirekten Rede

In der indirekten Rede hängt die Zeit im Nebensatz davon ab, in welcher Zeit das einleitende Verb im Hauptsatz steht:

Steht im Hauptsatz der indirekten Rede Präsens, Perfekt, Futur I oder *Condicional*, so bleibt die Zeit des ursprünglichen Satzes (direkte Rede) im Nebensatz erhalten:

| **direkte Rede** | | **indirekte Rede** |
|---|---|---|
| Manuel dice/ha dicho/dirá/diría: | | Manuel dice/ha dicho/dirá/diría |
| "Viajo mucho." | → | que viaja mucho. |
| "He viajado mucho." | → | que ha viajado mucho. |
| "Viajaba mucho." | → | que viajaba mucho. |
| "Viajé mucho." | → | que viajó mucho. |
| "Viajaré mucho." | → | que viajará mucho. |
| "Viajaría mucho." | → | que viajaría mucho. |

Steht im Hauptsatz der indirekten Rede Imperfekt, *Indefinido* oder Plusquamperfekt, so bleibt im Nebensatz das Imperfekt, *Indefinido*, *Condicional* und Plusquamperfekt erhalten, und die anderen Zeiten verändern sich wie folgt:

| | | |
|---|---|---|
| Präsens | → | Imperfekt |
| Perfekt | → | Plusquamperfekt |
| *Indefinido* | → | *Indefinido*/Plusquamperfekt |
| Futur I | → | *Condicional* |

| direkte Rede | | indirekte Rede |
|---|---|---|
| Manuel decía/dijo/había dicho: | | Manuel decía/dijo/había dicho |
| "Viajo mucho." | → | que viajaba mucho. |
| "He viajado mucho." | → | que había viajado mucho. |
| "Viajaba mucho." | → | que viajaba mucho. |
| "Viajé mucho." | → | que viajó/había viajado mucho. |
| "Viajaré mucho." | → | que viajaría mucho. |
| "Viajaría mucho." | → | que viajaría mucho. |

Bei **indirekten Befehlen** ist zu beachten, dass die Befehlsformen in der indirekten Rede im *Subjuntivo* stehen:

| direkte Rede | | indirekte Rede |
|---|---|---|
| "¡Friega los vasos!"<br>*„Spüle die Gläser!"* | → | **Dice** que **friegue** los vasos.<br>*Sie sagt, ich soll die Gläser spülen.* |

Steht im Hauptsatz der indirekten Rede *Indefinido*, Imperfekt oder Plusquamperfekt, so wird der *Subjuntivo* Imperfekt verwendet:

| direkte Rede | | indirekte Rede |
|---|---|---|
| "¡Cerrad la puerta!"<br>*„Schließt die Tür!"* | → | **Dijo** que **cerráramos** la puerta.<br>*Er sagte, wir sollen die Tür schließen.* |

# 19 Die Verneinung

## 19.1 Einfache Verneinung

Die einfache Verneinung wird mit *no* gebildet. *No* kann eine negative Antwort („nein") auf eine Frage einleiten oder in der Bedeutung „nicht" bzw. „kein/-e" verwendet werden:

| | |
|---|---|
| ¿Vas a ir a la fiesta?<br>- **No**, ya tengo otra invitación. | *Wirst du zu dem Fest gehen?*<br>*Nein, ich habe schon eine andere Einladung.* |
| **No** puedo ayudarte. | *Ich kann dir nicht helfen.* |
| Pedro **no** tiene ganas de ir al cine. | *Pedro hat keine Lust, ins Kino zu gehen.* |

i

*No* in der Bedeutung „nicht" bzw. „kein/-e" steht immer vor dem konjugierten Verb oder vor dem Hilfsverb bei zusammengesetzten Zeiten:

| | |
|---|---|
| **No** he podido visitar a Luis en el hospital. | *Ich habe Luis im Krankenhaus nicht besuchen können.* |

## 19.2 Doppelte Verneinung

Folgende verneinende Adverbien, Konjunktionen und Indefinitpronomen können eine doppelte Verneinung erfordern:

| | | | |
|---|---|---|---|
| ni, ni siquiera | *nicht einmal* | nada | *nichts* |
| ni ... ni | *weder... noch* | nadie | *niemand* |
| nunca | *nie* | ningún, ninguno/-a | *keiner, niemand* |
| tampoco | *auch nicht* | | |

Wenn nach dem Verb ein verneinendes Wort steht, kommt vor dem Verb ein zusätzliches *no*:

| | |
|---|---|
| **No** he hablado **nunca** con ellos. | *Ich habe nie mit ihnen geredet.* |
| **No** le molesta **nada**. | *Ihn stört nichts.* |
| **No** ha venido **ninguno** de ellos. | *Es ist keiner von ihnen gekommen.* |

Wenn das verneinende Wort am Satzanfang steht, wird vor dem Verb kein *no* gebraucht:

| | |
|---|---|
| **Nunca** he hablado con ellos. | *Nie habe ich mit ihnen geredet.* |
| **Nada** le molesta. | *Nichts stört ihn.* |
| **Ninguno** de ellos ha venido. | *Keiner von ihnen ist gekommen.* |

# 20 Die Wortstellung

Die übliche Wortstellung im spanischen Satz ist folgende:

Subjekt - Prädikat - Objekt

| | |
|---|---|
| Carlos lee el periódico. | *Carlos liest die Zeitung.* |

Diese Wortstellung bleibt anders als im Deutschen auch dann erhalten, wenn eine adverbiale Bestimmung vorangeht:

| | |
|---|---|
| Normalmente Carlos lee el periódico por la mañana. | *Normalerweise liest Carlos morgens die Zeitung.* |

In bestimmten Fällen verändert sich die Wortstellung. Das Verb steht dann am Satzanfang:

- bei Betonung:

| | |
|---|---|
| Sonaban las campanas. | *Es läuteten die Glocken.* |

- wenn vor dem Subjekt ein unbestimmter Artikel steht:

| | |
|---|---|
| Reinaba un desorden increíble. | *Es herrschte eine unglaubliche Unordnung.* |

- wenn ein Indefinitpronomen vor dem Subjekt steht:

| | |
|---|---|
| Ha pasado cierto tiempo. | *Es ist eine gewisse Zeit vergangen.* |

Im **Fragesatz** steht das Subjekt in der Regel nach dem Verb:

| | |
|---|---|
| ¿Va a venir la señora González? | *Wird Frau González kommen?* |

Bei entsprechender Betonung kann das Subjekt auch vor dem Verb stehen:

| | |
|---|---|
| ¿La señora González va a venir? | *Wird Frau González kommen?* |

## Wichtige unregelmäßige Verben

(Nur die unregelmäßigen Zeiten werden angegeben.)

**decir** *sagen*

| | |
|---|---|
| Präsens | digo, dices, dice, decimos, decís, dicen |
| *Indefinido* | dije, dijiste, dijo, dijimos, dijisteis, dijeron |
| Futur I | diré, dirás, dirá, diremos, diréis, dirán |
| *Condicional* | diría, dirías, diría, diríamos, diríais, dirían |
| *Subjuntivo* Präs. | diga, digas, diga, digamos, digáis, digan |
| *Subjuntivo* Imperf. | dijera, dijeras, dijera, dijéramos, dijerais, dijeran |
| Imperativ | di |
| Partizip | dicho |
| *Gerundio* | diciendo |

**estar** *sein, sich befinden*

| | |
|---|---|
| Präsens | estoy, estás, está, estamos, estáis, están |
| *Indefinido* | estuve, estuviste, estuvo, estuvimos, estuvisteis, estuvieron |
| *Subjuntivo* Imperf. | estuviera, estuvieras, estuviera, estuviéramos, estuvierais, estuvieran |

**hacer** *machen, tun*

| | |
|---|---|
| Präsens | hago, haces, hace, hacemos, hacéis, hacen |
| *Indefinido* | hice, hiciste, hizo, hicimos, hicisteis, hicieron |
| Futur I | haré, harás, hará, haremos, haréis, harán |
| *Condicional* | haría, harías, haría, haríamos, haríais, harían |
| *Subjuntivo* Präs. | haga, hagas, haga, hagamos, hagáis, hagan |
| *Subjuntivo* Imperf. | hiciera, hicieras, hiciera, hiciéramos, hicierais, hicieran |
| Imperativ | haz |
| Partizip | hecho |

**ir** *gehen, fahren, fliegen*

| | |
|---|---|
| Präsens | voy, vas, va, vamos, vais, van |
| Imperfekt | iba, ibas, iba, íbamos, ibais, iban |
| *Indefinido* | fui, fuiste, fue, fuimos, fuisteis, fueron |
| *Subjuntivo* Präs. | vaya, vayas, vaya, vayamos, vayáis, vayan |
| *Subjuntivo* Imperf. | fuera, fueras, fuera, fuéramos, fuerais, fueran |
| Imperativ | ve |
| Partizip | ido |
| *Gerundio* | yendo |

**poder** *können*

| | |
|---|---|
| Präsens | puedo, puedes, puede, podemos, podéis, pueden |
| *Indefinido* | pude, pudiste, pudo, pudimos, pudisteis, pudieron |
| Futur I | podré, podrás, podrá, podremos, podréis, podrán |
| *Condicional* | podría, podrías, podría, podríamos, podríais, podrían |
| *Subjuntivo* Präs. | pueda, puedas, pueda, podamos, podáis, puedan |
| *Subjuntivo* Imperf. | pudiera, pudieras, pudiera, pudiéramos, pudierais, pudieran |
| *Gerundio* | pudiendo |

**poner** *stellen, legen*

| | |
|---|---|
| Präsens | pongo, pones, pone, ponemos, ponéis, ponen |
| *Indefinido* | puse, pusiste, puso, pusimos, pusisteis, pusieron |
| Futur I | pondré, pondrás, pondrá, pondremos, pondréis, pondrán |
| *Condicional* | pondría, pondrías, pondría, pondríamos, pondríais, pondrían |
| *Subjuntivo* Präs. | ponga, pongas, ponga, pongamos, pongáis, pongan |
| *Subjuntivo* Imperf. | pusiera, pusieras, pusiera, pusiéramos, pusierais, pusieran |
| Imperativ | pon |
| Partizip | puesto |

**ser** *sein*

| | |
|---|---|
| Präsens | soy, eres, es, somos, sois, son |
| Imperfekt | era, eras, era, éramos, erais, eran |
| *Indefinido* | fui, fuiste, fue, fuimos, fuisteis, fueron |
| *Subjuntivo* Präs. | sea, seas, sea, seamos, seáis, sean |
| *Subjuntivo* Imperf. | fuera, fueras, fuera, fuéramos, fuerais, fueran |
| Imperativ | sé |

**tener** *haben*

| | |
|---|---|
| Präsens | tengo, tienes, tiene, tenemos, tenéis, tienen |
| *Indefinido* | tuve, tuviste, tuvo, tuvimos, tuvisteis, tuvieron |
| Futur I | tendré, tendrás, tendrá, tendremos, tendréis, tendrán |
| *Condicional* | tendría, tendrías, tendría, tendríamos, tendríais, tendrían |
| *Subjuntivo* Präs. | tenga, tengas, tenga, tengamos, tengáis, tengan |
| *Subjuntivo* Imperf. | tuviera, tuvieras, tuviera, tuviéramos, tuvierais, tuvieran |

## Grammatische Fachausdrücke und Abkürzungen

| | |
|---|---|
| **Adjektiv** | Eigenschaftswort; *adjetivo:* das **braune** Kleid |
| **Adverb** | Umstandswort; *adverbio:* Er fährt **morgen** ab. |
| **Aktiv** | Tätigkeitsform; *voz activa:* Der Mann **öffnet** die Tür. |
| **Artikel** | Geschlechtswort; *artículo:* **das** Haus; **ein** Freund |
| *Condicional* | Bedingungsform, Konditional: *compraría* ich **würde kaufen** |
| **Demonstrativpronomen** | hinweisendes Fürwort; *demostrativo:* **dieses** Buch; **dieses** |
| **Femininum** | weibliche Form; *femenino:* Schwester, Freundin |
| **Futur I** | erste Zukunft; *futuro:* Ich **werde fragen.** |
| **Futur II** | zweite Zukunft; *futuro compuesto:* Ich **werde gefragt haben.** |
| *Gerundio* | gebeugte Grundform des Zeitwortes, Gerundium: *comprando* **kaufend, beim Kaufen** |
| **Imperativ** | Befehlsform; *imperativo:* **Geh(e)!** |
| **Imperfekt (Imperf.)** | Mitvergangenheit; *pretérito imperfecto: compraba* ich **kaufte/habe gekauft** |
| *Indefinido* | historisches Perfekt; *pretérito indefinido: compré* ich **kaufte/habe gekauft** |
| **Indefinitpronomen** | unbestimmtes Fürwort; *indefinido:* **jemand**, **jeder**, **einige**, **viele** |
| **Indikativ** | Wirklichkeitsform; *indicativo:* Er **geht** sofort. |
| **indirekte Rede** | wiedergegebene Rede; *discurso referido:* Frau Schmidt sagte, **ihr Mann sei im Büro.** |
| **Infinitiv** | Grundform; *infinitivo:* **(zu) gehen** |
| **Interrogativpronomen** | Fragepronomen; *interrogativo:* **wer**, **was** |
| **Komparativ** | 1. Steigerungsstufe; *comparativo:* **länger** |
| **Konjugation (Konj.)** | Beugung; *conjugación:* **gehen**, **geht**, **ging** |
| **Konjunktion** | Bindewort; *conjunción:* Er fragt, **ob** du kommst. |
| **Konsonant (Kons.)** | Mitlaut; *consonante:* **b**, **c**, **d**, **k**, **l**, **s**, **t** |
| **Maskulinum** | männliche Form, *masculino:* Bruder, Freund |
| **Modalverb** | Zeitwort der Art und Weise; *verbo modal*: **müssen**, **wollen** |
| **Modus/-i** | Aussageweise; *modo*: Er **ist** reich. **Sei** brav! |
| **neutral** | sächlich; *neutro:* **es**, **dieses**, **das** |
| **Objekt** | Satzergänzung; *objeto:* Der Mann öffnet **die Tür.** |
| **Partizip Perfekt** | Mittelwort der Vergangenheit; *participio pasado:* **gebacken** |
| **Passiv** | Leideform; *voz pasiva:* Die Tür **wird geöffnet**. |
| **Perfekt** | Vorgegenwart; *pretérito perfecto: he comprado* ich **kaufte/habe gekauft** |

| | |
|---|---|
| **Personalpronomen** | persönliches Fürwort; *pronombre personal:* **ich**, **er**, **Sie** |
| **Plural (Pl.)** | Mehrzahl; *plural:* **die** Kirsche**n** |
| **Plusquamperfekt** | Vorvergangenheit; *pretérito pluscuamperfecto:* Wir **hatten** es schon **vergessen**, als er noch wartete. |
| **Possessivpronomen** | besitzanzeigendes Fürwort; *posesivo:* **mein** Buch; **meines** |
| **Prädikat** | Satzaussage; *predicado:* Die Frau **bäckt einen Kuchen**. |
| **Präposition** | Verhältniswort; *preposición:* **auf**, **gegen**, **mit** |
| **Präsens (Präs.)** | Gegenwart; *presente:* Ich **gehe**. |
| **Pronomen** | Fürwort; *pronombre:* **ich**, **dieser**, **dein** |
| **Reflexivpronomen** | rückbezügliches Fürwort; *pronombre reflexivo:* Er wäscht **sich**. |
| **Relativpronomen** | bezügliches Fürwort; *pronombre relativo:* Wo ist das Buch, **das** ich gekauft habe? |
| **Relativsatz** | bezüglicher Nebensatz; *oración de relativo:* Wo ist das Buch, **das ich gekauft habe?** |
| **Singular (Sg.)** | Einzahl; *singular:* **eine** Kirsche |
| **Subjekt** | Satzgegenstand; *sujeto:* **Das Kind** spielt mit der Katze. |
| ***Subjuntivo*** | Möglichkeitsform, Konjunktiv: Wenn ich **erhielte** ... |
| **Substantiv** | Hauptwort; *sustantivo:* der **Tisch** |
| **Superlativ** | 2. Steigerungsstufe; *superlativo:* **der Schönste**, **am besten** |
| **Verb** | Zeitwort; *verbo:* **gehen**, **kommen** |
| **Vokal** | Selbstlaut; *vocal:* **a**, **e**, **i**, **o**, **u** |

## Sachregister

Die Zahlen verweisen auf die Kapitel.